香乘新集

茗月 著

中国民族文化出版社
北　京

图书在版编目（CIP）数据

香乘新集 / 茗月著. -- 北京 : 中国民族文化出版社有限公司, 2025. 3. -- ISBN 978-7-5122-1971-7

Ⅰ. TQ65

中国国家版本馆CIP数据核字第2024LW3969号

香乘新集
XIANG SHENG XIN JI

作　　者　茗　月
特约策划　魏　策
责任编辑　江　泉
责任校对　李文学
出 版 者　中国民族文化出版社　地址：北京市东城区和平里北街 14 号
　　　　　邮编：100013 联系电话：010-84250639 64211754（传真）
发　　行　010-64211754 84250639
印　　刷　北京博海升彩色印刷有限公司
开　　本　787 mm × 1092 mm 1/16
印　　张　20
字　　数　330 千字
版　　次　2025 年 3 月第 1 版第 1 次印刷
标准书号　ISBN 978-7-5122-1971-7
定　　价　128.00 元

中华香乘，千载悠悠

数年前，我燎的一炉沉香，燃进茗月女士心间，我们因香结缘，此后常于微信上交流香事。

辛丑年（2021）春，茗月初萌创作此书念头，然因工作繁忙，此事搁置。

壬寅年（2022）冬，茗月在扬州友人鼓励之下，决意将撰书一事提上日程。次年季夏，茗月专程来京拜访我，沟通撰书事宜。

多年未见，伊人风采依旧。她乃是典型的江南女子，娇小玲珑，常着一身中式棉麻禅服，一口软糯的吴侬口音，言笑晏晏，令人倍感亲切。茗月因初次撰书，不解不明之处颇多，我作为一个多年从事出版工作之人士，为其细细答疑解惑。两人以茶代酒，把盏言欢，畅谈许久。

后续撰书过程中，茗月时常询问“古书中的某某香材是何物？”我亦耐心解答。文人写稿，拖延俱是常态，按时完成者，寥寥无几。唯有茗月，令我刮目相看。这位扬州女子柔弱的外表之下，藏着一颗坚毅之心。为着“烟花三月下扬州”的成书之约，今年春节前三日，茗月仍与摄影师在紧张拍摄书中图片。彼时扬州户外，也是天寒地冻，朔风袭人。茗月发来的微信中语气娇嗔地说：“魏老师，今天好冷，我的手都冻僵了。”一面说着，一面发来了当天拍摄的美图，图中佳人莞尔，姿态娴雅，唯有放大图片，才看到冻红的手指和鼻尖。

好几次，茗月都带着哭腔跟我说“拍得好累”“写得好累”，作为过来人，我深知撰书与制香、拍摄，件件都是极为费神耗力之事。我们日常制一款香往往就需要历时数日，茗月要在这么短的时间内，复刻百款古香方，其难度可想而知。然而这个阶段，远在北京的我，除了为她鼓励打气，也帮不上更多。只有一次，在她说“真的弄不动了”之时，我安慰道：“实在不行，咱们就歇一歇，缓一缓。完书赶不上‘烟花三月’，咱们就‘六月凉秋’亦可。”茗月啜泣着道：“不行，不要晚，我再努把力试试！”就是这位貌似娇弱的女子，竟然真的凭着一腔赤诚，在几乎不可能的时间里完成了书稿。

书名先后叫作《茗月香事》《古陵香事》，茗月都觉得不甚满意，央我重设书名。此书复刻《香乘》古方，茗月与周嘉胄都同为扬州人氏，灵光一现，我道：“不如名《香乘新集》，既是向前人致敬，又有传承之意。”茗月大喜，此名甚好，便是它了！

而后经历排版、调版、补图、校对、修改，诸多繁琐事务，每个细节都倾力而为，务求尽善尽美。

乘者，史书也。中华香乘，香脉相承，惟愿千秋万载，香火永续。

魏策

甲辰年（2024）花朝于京城文馨馆

魏策，作家，资深媒体人，曾任中央电视台编导，《世界都市iTalk》《香事》等杂志主编，ACIC国际注册香道师北京首席特约讲师，海南省降真香协会文化高级顾问。已出版《道是风雅却寻常：宋人十二时辰》《带一本书去大理》《文明密码：地道美物》等著作。

自序

一缕香魂，在穿越不同的朝代。那么遥远的历史风景，似乎就在眼前，就在身边。茶桌一角的灯光下，那本《香乘》的白色书皮发出耀眼的光芒。

周嘉胄，字江左，明代末期淮海（今江苏扬州）人，明万历十年（1582）生，约顺治十年（1653）至十八年（1661）间卒。顺治中，寓居江宁，十四年（1657）与盛胤昌等称“金陵三老”，时年76。周嘉胄是中国香学大家，著有《香乘》一书，是中国香学文化集大成者。《香乘》，李维桢为之序，崇祯辛巳刊成，被今人称作香学的《圣经》。

作为扬州人的我，想到这香文化集大成者，不胜高山仰止之思焉！感叹扬州人与香的渊源，于是心中开始萌发复刻周嘉胄先生的《香乘》的想法，心中想，嘴上说，果上行，这需要很多众因缘和合才能结果。当我认真去翻阅古书查阅历史，我已经选择了义无返顾。这件事，可说是因缘巧合，也可说是命中注定。香缘起于佛道文化。恰巧，我居住在扬州蜀冈之巅，这里有千年古寺扬州大明寺，文人雅士东坡居士也曾主政于此，我的人生哲学也如“每谓霜里佩黄金者，不贵于枕上黑甜；马首拥红尘者，不乐于炉中碧篆。香之为用大矣”。

在这本《香乘新集》中，我改变了图说部分的占比，复刻每款香方时会讲述它的历史故事和制作过程，简化了《香乘》中的文言文，使其通俗易懂。

本书的材料准备了许久，不知不觉已经从春夏到秋冬了，经历了四季的轮回，感觉自己轮回在一个又一个朝代的远古生活中，从萌发的先秦，初成的秦汉，成长的六朝，兴盛的唐，鼎盛的宋元，广行的明清。

因为一个“香”字，贯穿悠远的历史长河。从每一款古香方故事中，我们看到了祖国的沧桑和繁荣。古人留给我们多么厚重的礼物，然而，它又沉睡在这片土地上多少年了……

在这香文化需要再次复苏之际，我们将不断续写中国香的故事：香料和香料的和、阴阳和、气血和、脏腑和、性命和，炮制、炼蜜、配伍、研磨、窖藏等，工艺的传承在四季轮回中艰难坚守。香者定下心来，制香燃熏，磨炼自己的心性。何尝不是一场修行？

一如重获新生。

茗月
甲辰年（2024）二月初八于扬州

目录

第一章

中国香文化发展脉络

香，伴随着中华文明历史长河源远流长，见证了中华文明历史兴衰。我国用香历史悠久，中国香学可追溯于殷商以至更遥远的新石器时代晚期，至今盛行不衰，香文化早已是中华文化的一个重要组成部分。古人认为，香既是沟通人与神、敬奉先祖的媒介，又有怡情养性、启迪才思之妙用；既是祛秽致洁、美化居室的妙方，又是养生疗疾、祛疫辟瘟之良药。最早的香文化可能起源于新石器时代晚期，在当时的祭祀活动中，人们焚烧自然植物材料以示对神灵的敬仰。

香在我国使用的时间非常早，至今能够找到文字记载的最早时间是在汉代。但是，早在先秦时期，我国就已经有用香的习俗。根据《周礼》的记载，先秦用香主要是在祭祀天地等场合使用。汉代时，随着疆域的扩大和丝绸之路的发展，以苏合香、沉香为代表的多种树脂类香料进入中国。香料的使用也逐渐由“燃”向“熏”转变，在熏香时，树脂类香料往往和草木香配合使用。故在汉乐府诗中有“博山炉中百和香，郁金苏合及都梁”的记载。直至春秋战国时期，香文化开始出现在文学作品中，如楚国诗人屈原在其诗作中对香草的赞美，反映出当时香料在祭祀、礼仪和日常生活中的应用逐渐增多。

香的使用在汉朝变得更加广泛，除了宗教仪式，也开始用于日常生活的熏香、保健及医药用途，并且通过丝绸之路引进了外来香料，促进了香文化的丰富和发展。从汉代香具制作工艺和数量来看，熏香之风在汉代益盛。《汉官仪》记载：“女侍史挈被服，执香炉烧熏。”长沙马王堆一号墓出土的香熏，就是用来熏香衣服被褥的物品。墓中出土的香料和香具数量多、品种齐全，说明香料的使用在汉初已经趋于成熟；而且汉代人已经意识到单品香的局限，转而使用多种香料配伍而成的和香。

盛唐时期，香文化达到鼎盛，成为文人士大夫阶层的生活风尚和物质寄托，香道与诗、画、乐并举，形成了独特的艺术表现形式。隋唐时期中外贸易的繁荣发展使得大量的外使和外商进入中国朝贡、经商，香料输入随之大兴。香文化开始有了一种从贵族文化向大众文化普及的趋势，而且也开始由较低层次的物质性追求向较高层次的精神性需求转变。在此期间，香料输入不仅种类繁多，而且数量庞大。宗教的兴盛也对香文化的发展起到了推波助澜的作用。隋唐时期焚香之盛与宗教兴盛息息相关。道教斋醮用香颇为讲究，醮坛焚百和香、降真香等，道士使用的念珠也是用混合香料制成的。不止道教，佛教同样也有丰富的用香内涵。《旧唐书·懿宗本纪》记载：“上幸安国寺，赐讲经僧沉香高座。”从汉代到唐代，人们的信仰与崇拜开始向理论完善的宗教方向发展。这一时期，佛教和道教都已发展成熟，它们深刻影响了人们用香的习惯。在当时人们逐渐发现，以沉香为代表的树脂类香料是如此美好，它们气味独特，来源稀缺。因此，这类香料成为皇家贵族的奢侈品，成为身份财富的象征。从唐代开始，香渗透进人们日常生活的一些重要方面，在上层社会中，香的使用形式多种多样。比如官员的升迁、上朝面君等重要场合。有一种焚香的炉子叫行炉，它最早是用在佛教仪式中的，后来官员升迁之后都要手捧它在佛像前转圈敬拜。此外，大臣面君的时候，要口含鸡舌香，衣服要熏香，以表示臣下对君上的敬重。根据当时的文字记载，街市中步辇行过，一路香烟。唐代这种繁盛、奢侈、高贵的用香方式，已经成为当时的一种社会现象，这也表明香从宗教领域转移到了人们日常的政治和生活领域。

宋代是中国香文化发展的全盛时期。香文化从皇宫内院、文人士大夫阶层扩展到普通百姓，遍及于社会生活的方方面面。香文化发展到了顶峰，“香”已经完全融入社会生活中。文人雅士不仅用香，还亲手制香，并呼朋唤友，鉴赏品评，文人之间聚集在一起，经常设香席或“试香”。香席和试香都是文人之间组织的品评新制作的香并相互交流的形式。文人对于沉香文化的影响除了审美外，还在于对沉香的理解上，提出“以香观心”的观念。两宋时期，香文化进一步普及到民间，无论是宫廷还是普通家庭都普遍使用香料，出现了诸如《天香传》这样的专著，详细记述了香料的种类、制作方法及其美学意义。

清朝末年，由于战乱和社会动荡，香文化受到冲击，其精致繁复的仪式和生活方式在一定程度上走向衰落。此外，由于实行严厉的海禁政策，除了岁贡和走私外，海外的香料大大减少，我国的野生沉香资源已经不足以满足市场需求。所以，自明代开始，人工种植沉香有了蓬勃的发展。这一时期，不同人群的用香方式也出现了差异。宫廷用香极尽奢华，沉香制成的朝珠、沉香雕刻品成为沉香应用的新领域。而百姓用香轻巧实用。从清末到民国，包括沉香文化在内的诸多传统文化均进入低谷期，且香料的使用范围也无出祭祀、宗教等礼用和日常使用之外，基本承前朝余绪。

当今，随着国家经济的发展和对传统文化的重视，香文化开始复兴，不仅在传统领域得以恢复，也在现代生活中找到了新的表达方式和应用场景，如香疗养生、禅修冥想以及文化产业等方面都有所体现。目前我国的香事行业，是一个刚刚起步的情况。大众认知度较低，专家学者很少，而且可供考证的资料也大都随着战乱遗失，或者淹没在茫茫沧海中。但香的社会需求是在日益扩大的，这也让香文化具备进一步发展的潜力和经济基础。随着中国传统文化的复兴，人们生活水平的提高，近些年不少人开始尝试去品香、用香，并对香的品质有了更高的要求。同时也有许多爱香、懂香的人开始致力于对传统香文化的继承与弘扬。在传统文化复兴的路上，香文化将恢复往日的荣耀并新增时代特色与时俱进，屹立于华夏民族文化之林熠熠生辉。

第二章

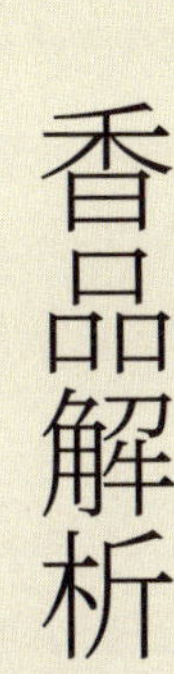

香品解析

沉香

沉香是瑞香料。沉香属树，在遭受雷劈、强风吹折、兽虫啃咬、人为砍伐等创伤后，树体分泌出树脂、树胶、树油，并以抗体形式来修复创口。而创口部位又恰巧被一种真菌的微生物所感染，产生一系列变化，形成香脂。这种香脂与木材纤维的混合固态凝聚物才是真正的沉香。

沉香树一般适合生长在热带和亚热带地区的原始森林之中，需要湿度大、水分足的微酸性土壤。能够结香的沉香树的树龄至少需要五年以上，一块上等品质的沉香至少需要上百年，乃至上千年才能形成。沉香并不是木头，而是沉香树生命的延续，是沉香树的精华和结晶。

按采香时香的状态可以将沉香分为“熟结”和“生结”两种，按香脂密度比重可分为“沉水香”“栈香”“黄熟香”。按产区分为国香系（海南、广东、广西、香港），惠安系（越南、老挝、泰国、柬埔寨、印度），星洲系（印尼、马来西亚、菲律宾、巴布亚新几内亚、文莱）。

檀香

檀香是檀香科、檀香属植物。常绿小乔木，高约10米；枝圆柱状，带灰褐色，具条纹，有多数皮孔和半圆形的叶痕；原产于太平洋岛屿，主要以印度栽培最多。中国广东、台湾有栽培。檀香适宜生长于温度在23～35℃之间，降雨量在600～1600毫米之间的地域。檀香根部最忌积水，对土壤的肥力要求较高。檀香树之所以被称为“黄金之树”，是因为它全身几乎都是宝，而且每个部分的经济价值都很高。

檀香木的心材是名贵的中药。檀香树根部、主干碎材可以提炼精油，檀香精油俗称“液体黄金”。檀香树冠的幼枝和生长过程中修剪下的部分枝条是高档制香制品厂争相收购的原材料，并为雕刻工艺的良材。

降真香

降真香即鸡骨香，也叫紫藤香，树木高度10～20米，树皮灰绿色带有大片白色斑纹，叶片呈卵圆形和椭圆，主要生长在亚热带海岛地区，在我国海南岛也能见到它的身影。

和沉香一样，和合诸香特别香。伴和诸香，烟云直上，感引鹤降，小儿佩戴辟邪气。《本草纲目》中记载，该香常用于清热解毒，止血，镇痛化瘀。

龙脑香

龙脑香即片脑，《金光明经》名为羯婆罗香，膏名婆律香，最早的龙脑产于古国婆利国，今加里曼丹。树高大可围六七围，叶圆背白，无花无实。瘦的产龙脑香，肥的产婆律膏，大块称为梅花脑，小颗粒称为米脑，还有一种油状的可浸诸香，干脂为龙脑香，清油脂为婆律膏。

龙脑是树干中干性树脂，婆律膏是根下的清脂，杨贵妃的瑞龙脑更是上品，只能在老龙脑树结疤处取得。

龙涎香

诸香中，龙涎香最贵重。龙涎香，是一种呈暗灰色或黑色的固态蜡状可燃物质，具有其独特的甘甜土质香味。龙涎香的实质是抹香鲸肠内分泌物，有的抹香鲸会将其吐出来，有的则会从肠道排出体外，仅有少部分抹香鲸将其留在体内。排入海中的龙涎香起初为浅黑色，在海水的作用下，渐渐地变为灰色、浅灰色，最后成为白色。人们主要用它来做香水的定香剂。《香乘》中说，龙涎香有三种等级，一种为泛水，二种为渗沙，三种为鱼食。泛水是抹香鲸吐出水面轻浮的涎沫。渗沙被海浪洲屿岸边凝结多年，风雨浸淫，气味渗于沙中。鱼食是抹香鲸吐涎，鱼抢食后产粪散于沙土，而香味尚存。只有泛水入香最妙。

酴醾香

酴醾香，即蔷薇香。清代褚人获《坚瓠续集》有《酴醾露》一篇，说酴醾露为大西洋沿岸各国所产，酴醾花上凝结了露水，“琼瑶晶莹，芬芳袭人，若甘露焉，夷女以泽体腻发，香味经月不灭。”“夷人”将这种花上的露水收集并用瓶子装了，远远地贩卖到外地。

这种蔷薇水取一滴置耳轮中，眼耳鼻口皆有香气，终日不散。沉香，其香烈气清，蕴藉丰美；酴醾味辛烈非常，两者风味相合，和香以焚香味妙不可言。故酴醾又有“沉香密友”之称。

郁金香

郁金香生于西域古国，丝绸路上的重要城市，今乌兹别克斯坦境内，色黄如芙蓉。唐太宗时期迦毗国献郁金香，香味十里之外都能闻见。百合科郁金香属的根茎叫郁金香。

安息香

安息香生于波斯国，当地人民称之为辟邪树，树高二三丈，树形类似松柏，皮色黄黑，叶有四角，经冬不凋零。二月开黄花，不结果，刻伤树皮分泌树胶名为安息香。焚烧时用厚纸盖在上面，烟透出是真，不透是假。真安息香焚之烟白色如缕，直上不散。

雀头香

雀头香即香附子，叶茎都呈三角棱状，全身有细毛，多生于湿地，所以，有水三棱，水巴戟之名，大的如枣，小的如杏仁，荆湘人称之莎根草，和香用香辅佐主香。

鸡舌香

鸡舌香即丁香，树叶和皮像栗树，花如梅花，子似枣核，这种的是母丁香，一般用香不多，常用于药。雄树开花不结果，花蕾常用香。李时珍在《本草纲目》中说：“雄为丁香，雌为鸡舌。”

苏合香

苏合香树属乔木，高10～15米。叶互生，喜生于湿润肥沃的土壤。原产小亚细亚南部。中国广西有栽培。主产地为土耳其西南部。初夏将树皮击伤或割破深达木部，使香树脂渗入树皮内。于秋季剥下树皮，榨取香树脂，残渣加水煮后再压榨，榨出的香脂即为普通苏合香。将其溶解在酒精中，过滤，蒸去酒精，则成精制苏合香。有开窍辟秽、开郁豁痰、行气止痛的功效。

广木香

广木香即木香，也叫蜜香，原产于印度、缅甸、巴基斯坦，从广东进口，称为广木香。国内云南有大量引种，故又有“云木香之名”。

青木香

青木香，又称青藤香（别名马兜铃根、兜铃根、土青木香、土木香、青木香、蛇参根、铁扁担、痧药、野木香根、水木香根、白青木香、天仙藤根），草质藤本。根圆柱形，外皮黄褐色。茎柔弱，无毛，暗紫色或绿色，有腐肉味。叶卵状三角形，长圆状卵形或戟形，花单生或两朵聚生于叶腋。花梗长开花后期近顶端常稍弯，花被基部膨大呈球形，与子房连接处具关节，花药卵形，子房圆柱形，蒴果近球形，顶端圆形而微凹，种子扁平，钝三角形，花期在7～8月，果期在9～10月。

藿香

《本草纲目》载：芳香，豆叶曰藿，其叶似之，故名藿香。藿香在中国各地广泛分布，主要分布于四川、江苏等地。广东肇庆及西江周边地区为藿香的地道产区。藿香始载于东汉杨孚的《异物志》，书中曰："藿香交趾有之。"

其后诸家本草多有记载，具有化湿醒脾，辟秽和中，解暑，发表散热的功效，但是过量服用可能会引起热势加重且可能有伐胃、耗气、伤阴的情况。同时，藿香作为一种食用香草植物也深受国人喜爱，比如藿香炖鱼曾引得清朝查嗣琛言"一瓶东阁莲花酒，半尾西斋藿香鱼"。

甘松

甘松在《金光明经》中被称为苦弥哆香，出产于今甘肃省武威一带，细叶蔓藤生，可以合诸香，裹衣香，今山西左权附近也有，丛生山野之中，叶细如茅草，八月沐浴香汤全身芳香。因为它的香味能开脾胃解郁，产于四川松潘，味道甘甜，所以得名“甘松”。

金颜香

金颜香产于大食国与真腊国，其他地方的金颜香都是由上述两国贩运而来，中原地区皆无此香，它是树木的油脂，颜色较黄，香气劲健，能聚众香。其香气与榄糖相似，香里面有白色块状物，上好的金颜香中白色较多，品质低下的较少。

金颜香在焚烧时气味美妙异常，真腊国出产的分黄白黑三色，白色为上品，当地土著用它和香涂抹于身上。历史文献说它和安息香比较相似，有史以来安息香产量少，因此常拿金颜香来替代。

零陵香

零陵香又名“广灵香、灵香草、燕草、惠草、香草、黄零草”等，叶如麻，两两相对，茎方气如蘼芜，常于七月中旬开花，至香，古

所谓薰草也。在中国古代零陵香很早就被当作香料使用了。株高20～60厘米，干后有浓郁香气。

玄参

玄参别名：“元参、浙玄参、黑参、重台、鬼藏、正马、鹿肠、端、玄台”，主要分布在安徽、江苏、浙江、福建、江西、湖南、湖北、贵州、陕西等地。浙江有大量栽培，其他各地也有栽培。浙江的玄参不仅产量大，质量也好。

功效：凉血滋阴，泻火解毒；用于热病伤阴，舌绛烦渴，温毒发斑，津伤便秘，骨蒸劳嗽，目赤、咽痛、瘰疠、白喉、痈肿疮毒。（《中华本草》）

豆蔻

豆蔻树像李树那么高大。每年二月开花，花上连着果实，豆蔻子相互簇连，其核、根气息芬芳，呈壳状，七八月份果实成熟，晒干后剥食果核，味道辛香。（《南方草木状》）

豆蔻生长在交趾，其根部像姜那么大，果核像石榴，味道辛烈，带有芳香。豆蔻分四种：白蔻、草蔻、肉蔻、红蔻，也可以用来炖煮去食物中腥味，增加食物香味，在和香中主要起到辅佐作用。

甲香

甲香，蠡类，大的如瓯一般，在和香中使众香芬芳，单独焚烧味道不好，能发香，聚香烟，需要酒蜜煮制去腥味。

麝香

麝香为雄性麝属动物麝香腺的分泌物，贮存于麝香囊中。麝属动物有原麝、马麝、林麝、黑麝、喜马拉雅麝五种，常称麝鹿。麝虽属于鹿科，但体型很小，高度和长度都在一米以内，体重也只有几十斤，头顶没有角，雄兽犬齿发达，形成“獠牙”。

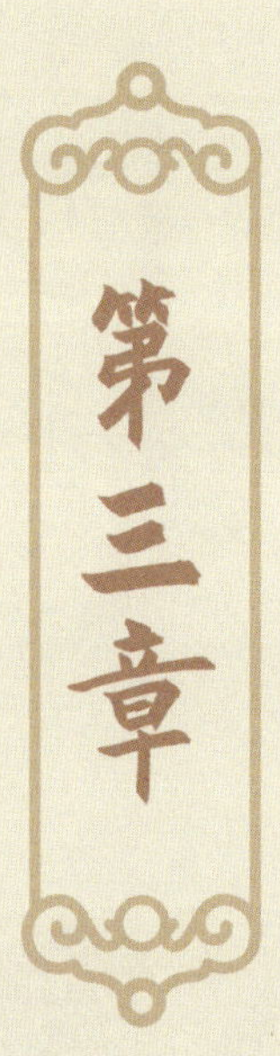

第三章 炮制篇

第一步：砂锅倒入清水。

第二步：将檀香放入砂锅中。

第三步：倒入蜂蜜。

第四步：大火沸煮一个小时。

第五步：将煮好的檀香倒出，滤干水分。

第六步：将滤干水的檀香再倒入砂锅，加入蜂蜜。

第七步：小火翻炒至微微冒烟即可。

第八步：将翻炒好的檀香倒出，放在干燥朝阳处燥干。

第九步：将干燥好的檀香装罐即可。

制柏子

第一步：采摘好新鲜的柏子。

第二步：将新鲜的柏子清洗干净。

第三步：将洗好的柏子倒入砂锅中，焯水约20分钟。

第四步：将焯水后的柏子滤干水分。

第五步：将柏子倒入罐子中，用黄酒浸泡一天一夜。

第六步：将浸泡好的柏子滤出。

第七步：将滤出的柏子倒在在筛网上，放置于阳光下暴晒燥干，即可完成。

制甲香

第一步：起热炉后放入螺甲。

第二步：倒入胡麻膏。

第三步：熬制螺甲至褐黄色。

第四步：放于热蜜水中清洗，直至没有胡麻膏味道即可。

第五步：滤出清洗好的螺甲，再次炒制，即可制成甲香。

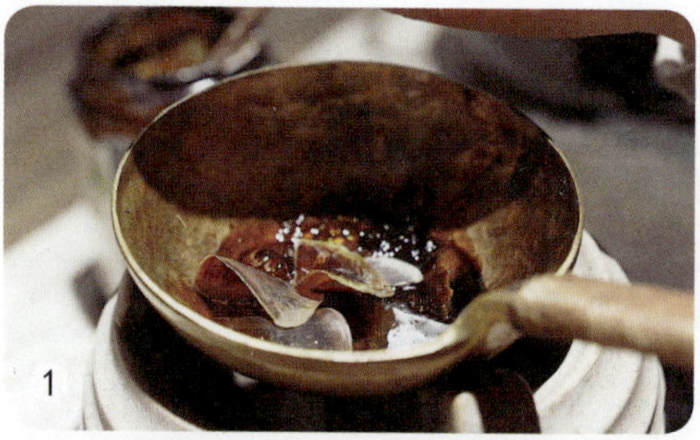

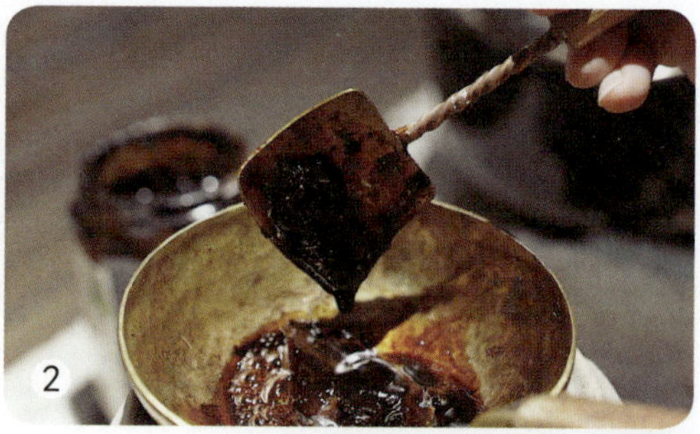

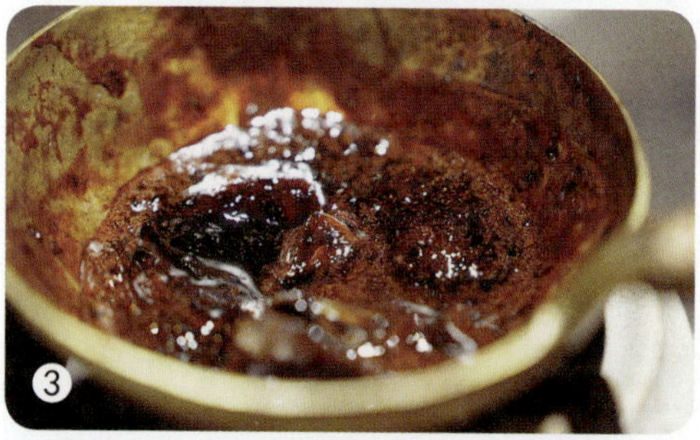

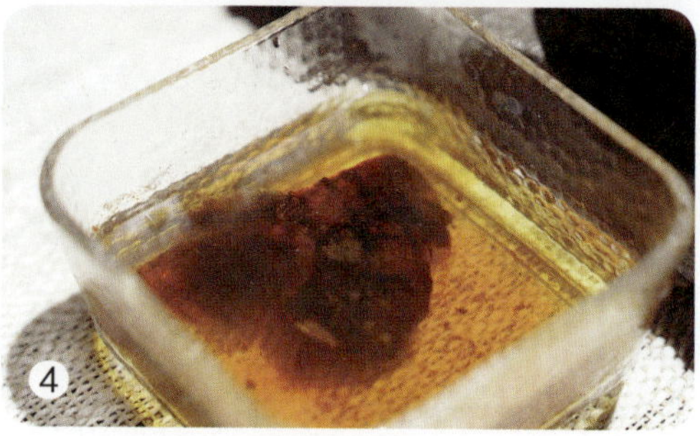

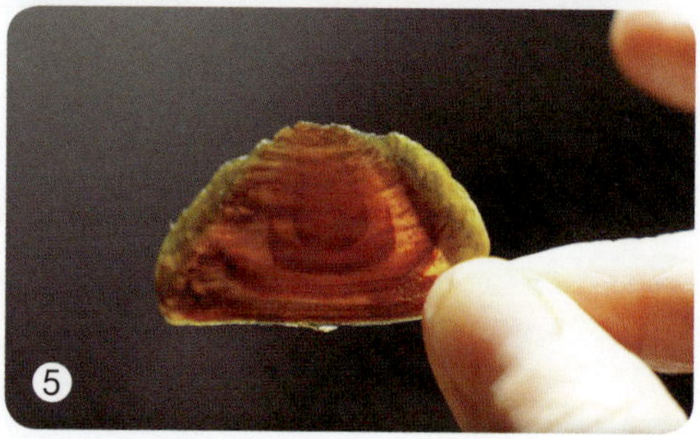

第一步：取乳香用濡纸包裹。

第二步：包裹后放置在炉火上略烘。

第三步：烘后的乳香，倒入研钵中磨粉。

第四步：研磨好的乳香粉倒入容器中，加清水溶化即可制成。

制麝香

第一步：取麝香放置在容器中，倒入清水。

第二步：浸泡麝香十分钟，取麝香水用之，即可制成。

制龙脑

第一步：取龙脑原料，倒入研钵中研磨。

第二步：研磨至细粉后倒入容器中，加入温水使其溶化，即可制成。

第一步：准备香材原料。

第二步：龙脑入钵细磨成粉。

第三步：檀香入药碾，碾磨成粉。

第四步：百药煎、龙脑细粉、白豆蔻、檀香粉入石臼再臼粉。

第五步：臼好的香粉倒入绿茶中。

第六步：倒入麝香水、甘草膏、淀粉。

第七步：搅拌。

第八步：揉成团状。

第九步：制成小饼状。

第十步：制成的茶饼放在纱网上晒干，即可制成。

制炼蜜

第一步：起热炉后，倒入生蜜。

第二步：熬制成粘稠即可。

第一步：起热炉后，倒入蜂蜜。

第二步：倒入沉香。

第三步：熬制半个小时。

第四步：熬制后的沉香，入清水沐去蜜。

第五步：再将沐去蜜的沉香，放入热炉炒干，即可制成。

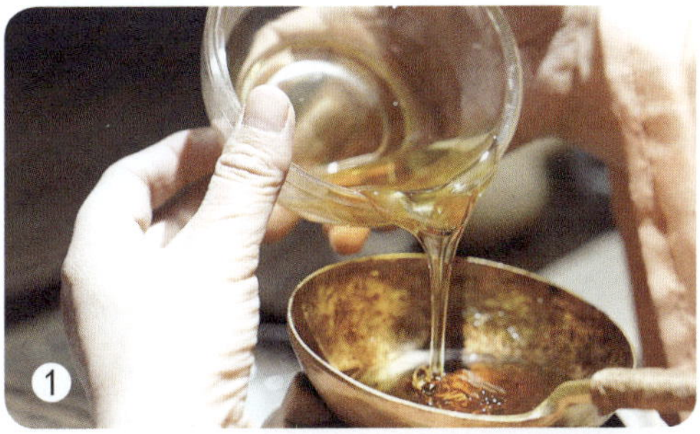

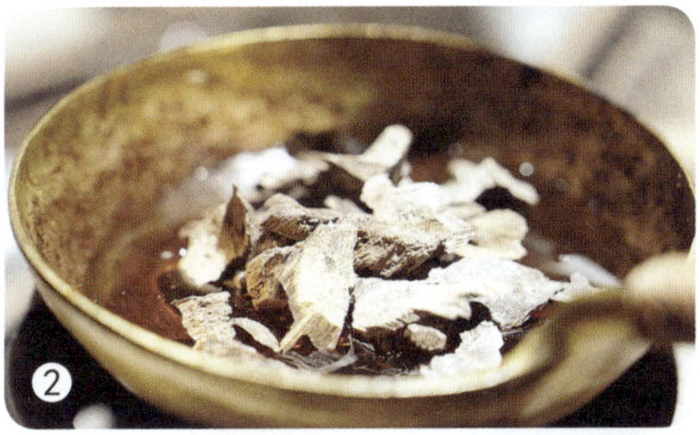

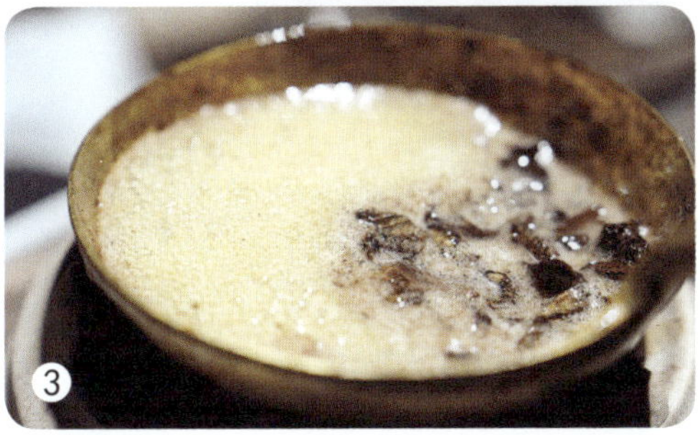

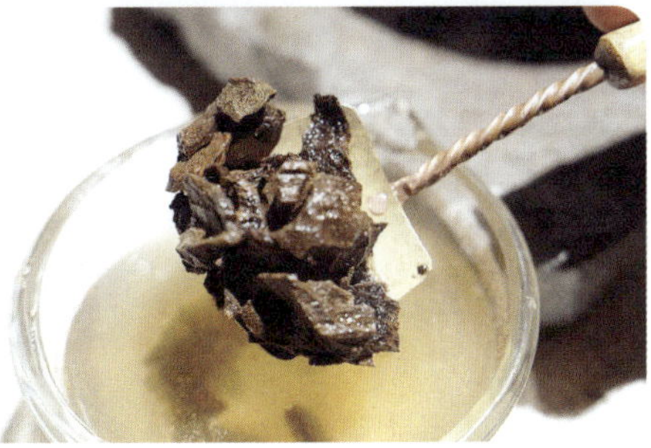

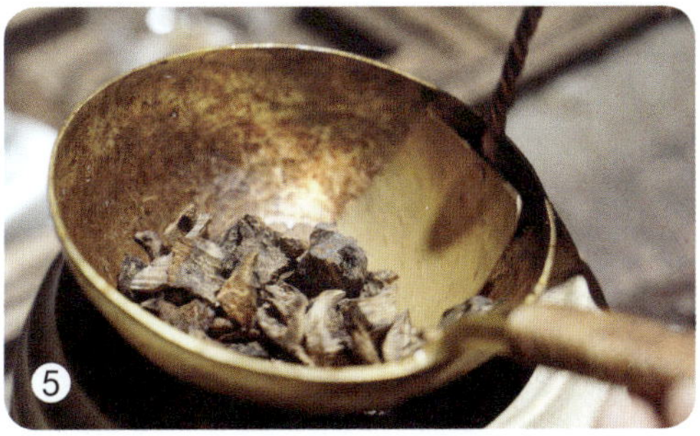

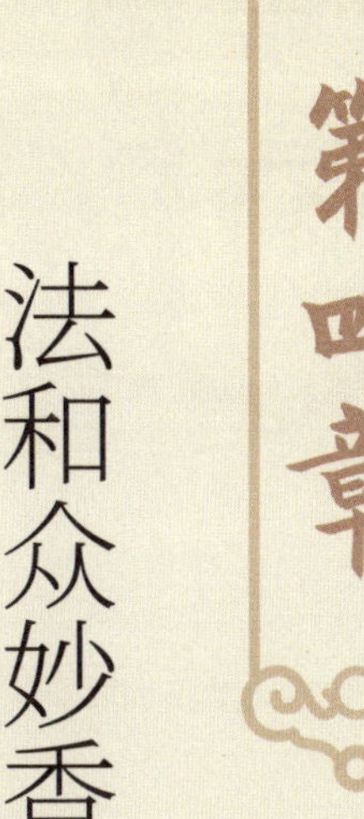

第四章

法和众妙香

香方故事：

《真诰·运象篇》中记载“神女及侍者颜容莹朗，鲜彻如玉，五香馥芬，如烧香婴气者也。”此处的“婴香”并非婴儿的味道，而是指神仙女子，淡淡清幽的体香。此香方出自北宋大文豪黄庭坚的《制婴香方帖》，是少数能被收藏在博物馆的香方。

“婴香”是中华香史中宋代名香之一，是以“神仙玉女”为意象调和出来的香气。既奢华富丽，又有异域色彩，非常高级。制“婴香”的香方，含有多种名贵药材，四大奢华香材“沉檀龙麝”都有用到，有人说“婴香”制一次，穷几次。

相传北宋有位沈推官，从岭南押送香材在江上翻了船，香材损失大半。于是便把残余的香料配成“婴香”在京中售卖，竟大受好评，销售一空，以此偿还了原来的香价给朝廷。因此“婴香”又名“偿值香”。

以《汉武内传》载：汉武帝迎接西王母降临时，曾熏烧婴香等香品。表明汉代已有此香，但被时人质疑，因为没有香方留下。宋朝人程泰之在《香说》中认为：“然疑后人为之，汉武奉仙穷极，宫室帷帐器用之丽，汉史备记不遗，若曾创古来有之香，安得不记?”

香方制作：

香方调整后取沉香100克、丁香15克、甲香3.5克、龙脑26克、檀香15克，研成粉入麝香少许，炼白蜜加马牙硝15克，和合诸香，用金珀裹衣，瓷罐窖藏后半月熏香。

“婴香”香气清雅，闻后能使喉中甘甜生津，香韵持久，扩香力极强。怡静莹润的花香中带来龙脑的一丝沁入心脾的凉意，有提神醒脑之效，非常适合在居室暖阁中使用。

生闻佩戴时因为有银箔裹着，故香味淡些，是淡淡的芬芳香，并带着一点清冷。熏闻前期，是高贵、清冷、轻盈的芬芳香，真的好似神女从九天降临那种清风阵阵，衣袂飘飘，并带着花香的轻盈飞入，前期一定要守着炉子闻哦！随后龙脑挥发完了，神女已降临。古代焚香讲究虚实结合，此香从气味上看模拟神女体香还真有可能，好似女神从九天降临飞入之境。

制作过程：

第一步：准备香材。

第二步：香材磨粉。

第三步：麝香和龙脑泡水。

第四步：将制好的香粉，倒入盘中。

第五步：在香粉中倒入麝香水和龙脑水。

第六步：揉成香泥。

第七步：制成线香。

第八步：制成香丸。

第九步：在香丸表面裹层金箔纸。

第十步：制好的香丸，即可入罐储藏。

第十一步：制成线香需阴干后入罐储藏。

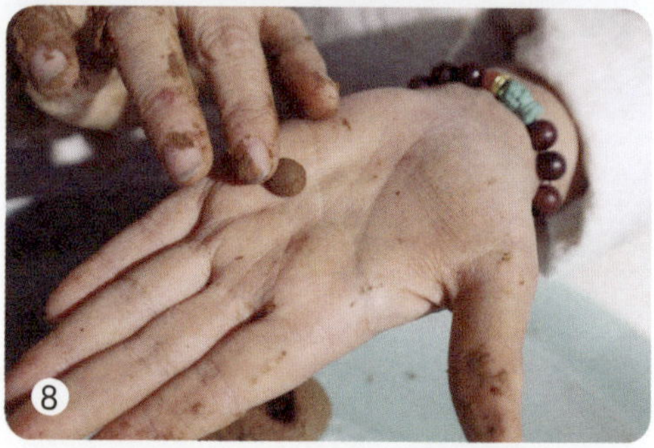

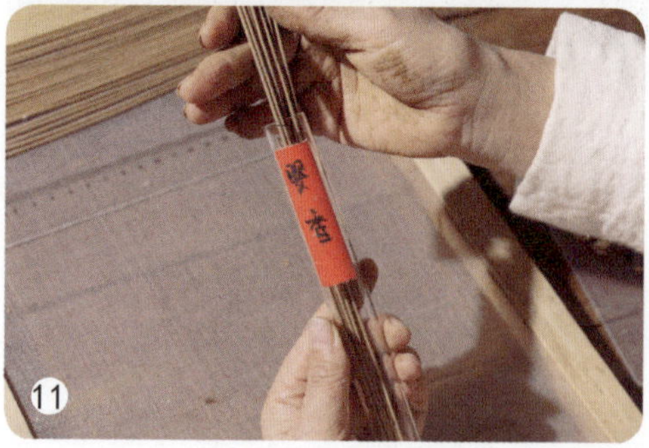

香方故事：

选自《香乘》卷十六“法和众妙香”。传说，一位高僧常在山林中静坐冥想，随手可得的柏子便成了炉中妙香。

香方制作：

首先泡制檀香去燥，把绿茶和檀香浸泡一天一夜，取出晾干备用。

选未开籽的柏子，用黄酒煮一个小时，顿时满屋生香，清幽的鲜柏子香味动人心弦，感觉像是来到了雨后的山林中。去除柏子仁打粉。按照香方将檀香100克，柏子150克，乳香50克打粉混合，白芨粉用炮制檀香的绿茶水煮成黏糊状，再与配伍好的香粉揉成光滑香泥制成香饼。如果做线香则再加百分之十的楠木粘粉，窖藏余月就可焚香。

恍惚间好像自己坐在幽静的山林中，鸟鸣啁啾，宁静致远，有种莫名其妙的感觉，觉得和自己的心脏很近很近。那种奇妙的一缕香气进入鼻腔，悠旋在五脏六腑中。香气清幽高雅，温润清甜，静坐独处焚香， 被僧人和文人雅士所喜爱。

制作过程：

第一步：准备香材原料。

第二步：柏子、白芨、檀香放入药碾碾粉，乳香入石臼，臼粉。

第三步：将磨好的白芨粉，煮制成糊状。

第四步：所有香粉，倒入盘中。

第五步：煮制好的白芨粉，倒入香粉中。

第六步：揉成香泥。

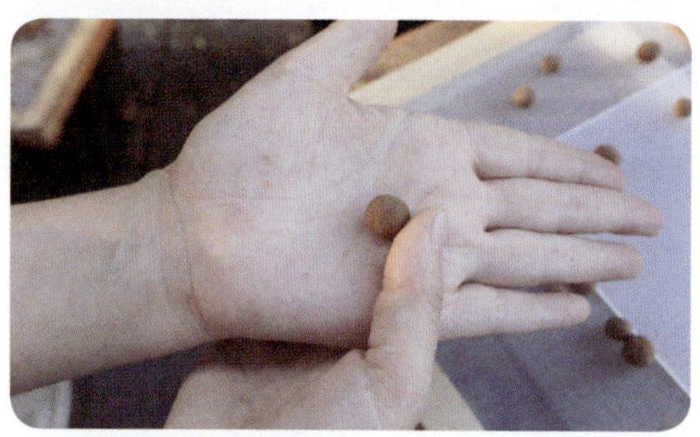

第七步：制成香丸。

第八步：制成线香。

第九步：香丸制成，即可入罐窖藏。

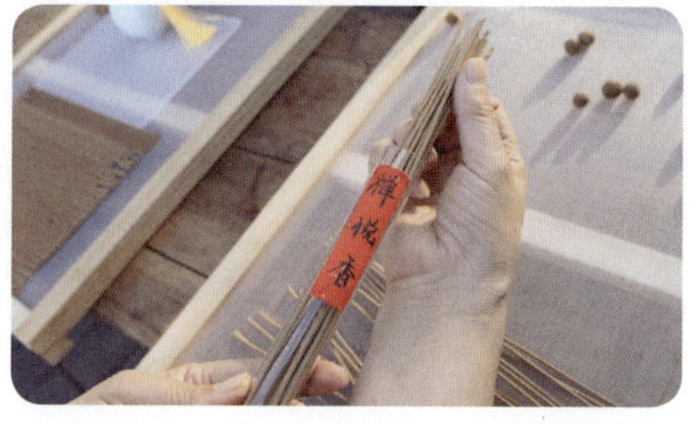

第十步：线香需阴干后，入罐窖藏。

香方故事：

此香是北宋文豪苏轼曾调过的香，名为“雪中春信”。这一香方传说苏轼用了长达七年的时间才得以制成。苏轼携着爱妾王朝云来到梅树下，嘱咐爱妾用毛笔小心翼翼地扫集每一年的梅蕊之雪。为了让香中有梅花初绽时的香气，在一场突至的春雪日中苏轼完成了制香。“雪中春信”就此流传千年。成为香谱中最美的一味。似万株梅花于雪中绽放，捎来春信。

香方制作：

沉香50克、白檀、丁香、木香各30克，甘松、藿香、零陵香各10克，回鹘香附子、白芷、当归、官桂、麝香、槟榔、豆蔻各一枚炒。研磨为末，炼蜜和饼，如棋子大，或脱花样，烧如常法。这里的麝香用麝鼠香做了替代。

清冷的香气直达心底，让人在一瞬间就能被深深地治愈。香韵气味幽凉，闻之使人心静，然于冷香中，嗅得花开之味。

制作过程：

第一步：准备香材原料。

第二步：将沉香、木香、官桂、檀香放入药碾中碾粉。将丁香、甘松、零陵香、藿香、豆蔻、白附子、白芷、当归、槟榔放入研钵中磨粉。

第三步：将磨好的香粉，倒入盘中。

第四步：倒入蜂蜜、麝鼠香、茶水。

第五步：揉成香泥。

第六步：制成香片。

第七步：制成线香。

第八步：香片制成，即可入罐窖藏。

第九步：线香需阴干后，入罐窖藏。

四时清味香

香方故事：

此香方出自明代《晦斋香谱》，选自《香乘》卷二十三，正如大医学家张景岳所说“春应肝而养生，夏应心而养长，长夏应脾而变化，秋应肺而养收，冬应肾而养藏”此香最能除秽，四季皆宜。

此香甜而不腻，清净古朴，原方的煅铅粉原意是黄色属土，煅铅粉微毒，改为南瓜粉。《黄帝内经》诠释了顺应自然的三个方面：顺应自我生命周期、顺应四时天气节律、顺应五方地域环境。

香方制作：

檀香50克、零陵香10克、甘松30克、茴香3克、丁香3克、龙脑2克、麝香少许。

茴香暖脾胃，丁香如梅子香甜，气韵极其开胃，檀香奶香安抚紧张和焦虑，龙脑凉意避秽开窍。

将小茴香和丁香焙火炒，碾成粉末，龙脑粉末溶温水，再将麝香少许，溶于龙脑水中，其余材料打成粉，做成香饼需加入10%的粘粉，做成线香则需要加15%的粘粉，按照配方混合均匀揉成光滑香泥，制成喜爱的形状。

制作过程：

第一步：准备香材原料。

第二步：将炒制小茴香和丁香。

第三步：将炒制后的丁香和小茴香倒入石臼中，臼粉。

第四步：将臼好的粉，倒入筛网中细筛。

第五步：檀香、零陵香、甘松放入药碾，碾成粉。

第六步：龙脑和麝香泡水。

第七步：将制好的所有香粉，倒入盘中。

第八步：倒入麝香水和龙脑水。

第九步：先揉香泥，再擀成香饼状。

第十步：制成香片。

第十一步：制成线香。

第十二步：制成的香片，入罐窖藏即可。

第十三步：线香需阴干后，入罐窖藏。

①

②

③

④

5
6
7
8
9
10
11
12
13

鹅梨帐中香

香方故事：

此香是南唐后主的浪漫爱情香，传说是后主亲自为爱香如痴的周小后做的帐中香，香一场，缱绻一场，一夜帐中香燃尽，万缕梨香遗千年。盛放在床角落的小香炉里，于长夜中腻芬消弭，洇润寝帐。如此芳气低回的夜帐内，绽放的将是怎样的良宵呢？

“鹅梨帐中香”这些年又从历史的尘埃中慢慢浮现出来，如今，此香的名气又使得人们的生活弥漫着悠悠古香，还得感谢电视剧《甄嬛传》唤醒中国古老的香文化。

香方制作：

榅桲3枚，沉香和檀香2:1配比。这里的沉香用的是奇楠，檀香是印度老山檀香，挖空榅桲的肉，填充配伍好的香粉蒸一个小时取出，掏出来香粉备用，可以留点做线香，适当加粘粉。其余做成香丸，古方适合做香丸，效果很好。这里还是提醒一下掏出浸透榅桲香气的香料就好，果肉就不要加。沁人心脾的甜香，果味花香很明显在前调里，中调开始有了沉檀的雅韵，尾调是淡淡清香。

制作过程：

第一步：准备香材原料。

第二步：清洗榅桲。

第三步：清洗后的榅桲，切去顶部。

第四步：挖空榅桲的果核。

第五步：将沉香和檀香，制成香粉。

第六步：将檀香粉和沉香，装入榅桲中。

第七步：封盖后用牙签固定榅桲。

第八步：蒸煮榅桲，约三个小时。

第九步：取出蒸煮好的榅桲，挖出香粉。

第十步：将挖出的香粉，揉成香泥。

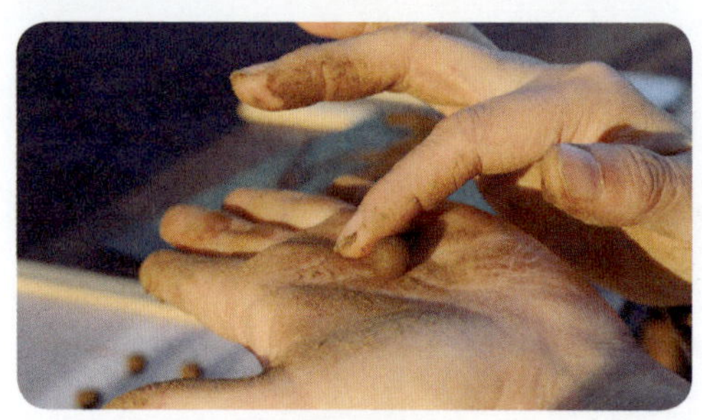

第十一步：制成香丸。

第十二步：制成线香。

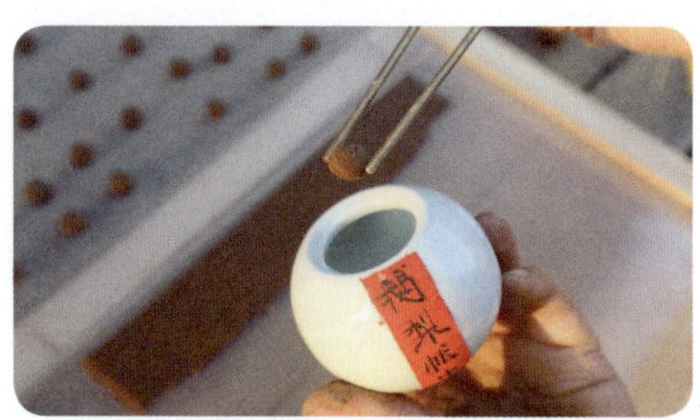

第十三步：制成的香丸，即可入罐窖藏。

第十四步：线香需阴干后，即可入罐窖藏。

宣和御制香

香方故事：

宣和年间，宫中专门设有造香室“睿思阁”，这里出品的香都以“宣和”命名，还有一款和它齐名的“宣和御前香”是宋徽宗皇帝亲手制作的。他在朝事书画时经常亲制此香，被视为“宫中圣品”。

香方制作：

沉香35克、檀香25克、金颜香10克、丁香3克、甲香2克、龙脑3克、朱砂2克、背阴草8克、麝香少许。背阴草捣汁，龙脑麝香炮制成溶液，其他研磨成粉揉成丸。古方是用朱砂裹衣，真不愧是大美学家宋徽宗的眼光。那一抹惊艳的红足够让你臣服。“宣和御制香”的背阴草是我千辛万苦在大明寺鉴真百草园旧址找到的。一切都是最好的安排吧！因此，宣和香的意义在于能和鉴真大师联系起来。

此香香气冷峻，意蕴悠长，华而不俗，能醒神开慧，通经祛秽。这里的背阴草确实是和香好料，气味是春天般的青草味，和合成香就不明显有青草味了。背阴草生于水边聚阴，正好与这里的朱砂形成“阴阳”对应。

制作过程：

第一步：准备香材原料。

第二步：将背阴草在石臼中臼碎，滤出草汁。

第三步：将沉香、檀香分别磨粉。

第四步：将甲香、丁香、乳香、金颜香，放入石臼中臼粉。

第五步：麝香、龙脑泡水。

第六步：将所有香粉，倒入盘子中。

第七步：再倒入麝香水、龙脑水和背阴草的草汁。

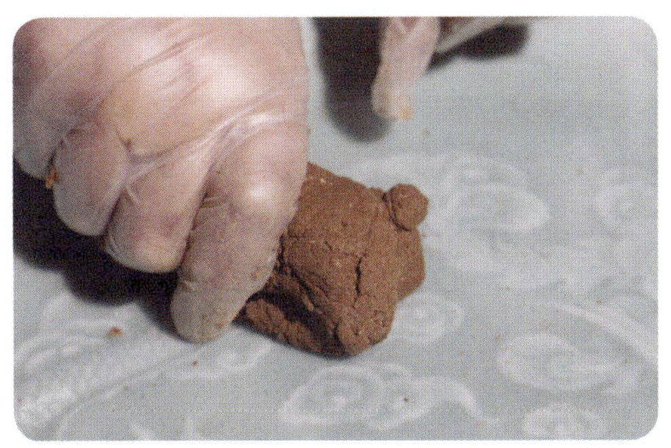

第八步：揉成香泥。

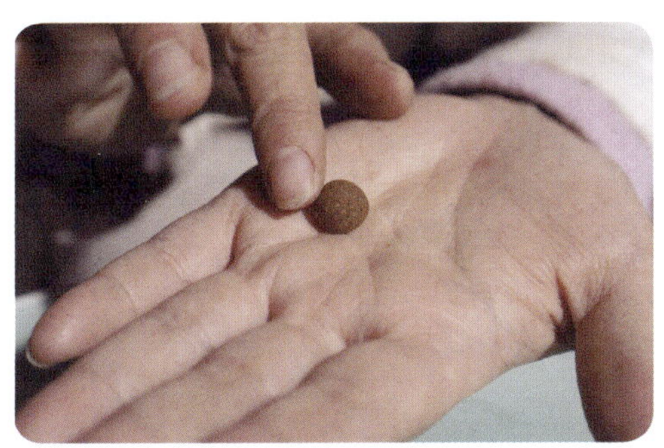

第九步：制成香丸。

第十步：在香丸上撒上朱砂。

第十一步：香丸阴干后即可制成，入罐窖藏即可。

花蕊夫人衙香

香方故事：

“花蕊夫人衙香”仿佛宫廷楼阁的晨雾中走出来的绝色美人，雍容华贵，举止优雅，一颦一笑都柔美可人，让人心驰神往，忍不住想亲近。那就让我们走近这款中式古典韵味的香气。

“花蕊夫人衙香”是五代后蜀皇帝孟昶的宠妃花蕊夫人传世名香之一。其以才华横溢、天生丽质、文武双全而闻名于世。她被选入宫，孟昶一见之下，觉得“花不足以拟其色，蕊差堪状其容”，便赐给她“花蕊夫人”的名号。花蕊夫人博学多才，擅长写宫词和调香，传世有《宫词》百首，香方数款。

965年，宋军攻占后蜀。在家国存亡之际，“花蕊夫人”不畏生死，仗剑驰马上阵迎敌。兵败被虏之后，面对宋太祖赵匡胤要求作诗的责难，她临危不惧，写下了那首悲愤的《述亡国诗》。和香香方：“花蕊夫人衙香”被记录在明代周嘉胄所著《香乘》中。

香方制作：

沉香105克、栈香105克、檀香35克、乳香35克、龙脑1.75克、甲香35克、麝香3.5克，除脑麝，共同捣细，入炭皮灰，朴硝3.5克生蜜拌和，入瓷盒重汤煮十沸，取出，窨一周，做成饼燃烧之。生闻和上炉品闻是两个完全不同的味道。生闻有沁人心脾的凉意，伴随着清新花香味和药感；点燃或上炉之后，随着温度的慢慢升高，首先迎面而来的龙脑凉意瞬间能够把鼻腔打开，清新上扬的花香调层层叠叠一波一波地袭来，清凉的香味。

制作过程：

第一步：准备香材原料。
第二步：将檀香、沉香、奇楠沉香、放入药碾中碾粉。
第三步：将甲香、乳香，放入石臼中，臼粉。
第四步：将朴硝溶水、麝香溶水后，再倒入龙脑。
第五步：将所有的香粉，倒入盘中。
第六步：倒入蜂蜜。
第七步：搅拌后，装入器皿。
第八步：用宣纸包裹器皿。
第九步：将包裹好的器皿，放入砂锅中蒸煮约一个小时。
第十步：将蒸煮好的器皿拿出，倒出香粉。
第十一步：倒入麝香龙脑水和朴硝水。
第十二步：揉成香泥后，将其擀制成香饼状。
第十三步：制成香片。
第十四步：撒上金桂花粉。
第十五步：放在纱网上，阴干即可。
第十六步：阴后的香片，放入罐窖藏即可。

①

②

③

唐开元宫中香

香方故事:

唐玄宗时期，社会经济空前繁荣鼎盛，中原王朝疆域辽阔。虽然盛唐的光辉早已淹没在时间的洪流之中不复存在，可盛唐的精神永存，开阔胸襟，包纳万象。唯愿以一支“唐开元宫中香”，追忆梦中的盛世大唐。

这款香的药香浓郁，整体雄浑大气，甜凉与奶香气互相牵引变化，木质调的沉稳内敛，整体气调饱满，花香馥郁，果香甜美，是唐人所追求的极致的富丽奢华。

香方制作:

沉香70克，细剉,以绢袋盛,悬于铫子当中,勿令着底,蜜水浸,慢火煮一日，檀香70克，清茶浸一宿，炒至无檀香气，龙脑7克，麝香7克，甲香3.5克，马牙硝3.5克，研磨成粉，炼蜜和匀，窨藏一月取，放入脑麝，做成丸熏烧。

制作过程:

第一步：准备香材原料。

第二步：炮制沉香丝。

第三步：炮制檀香。

第四步：将炮制好的檀香和沉香丝磨粉。

第五步：将甲香在石臼中臼粉。

第六步：将麝香泡水后，再倒入龙脑。

第七步：香粉倒入盘子中。

第八步：倒入麝香龙脑水和蜂蜜。

第九步：揉成香泥。

第十步：制成香丸。

第十一步：制成线香。

第十二步：香丸制成，即可入罐窖藏。

第十三步：线香需阴干，入罐窖藏。

5

6

7

8

9

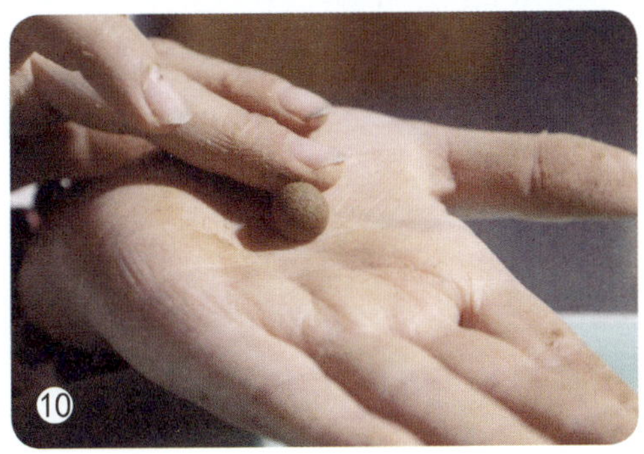
10

11

12

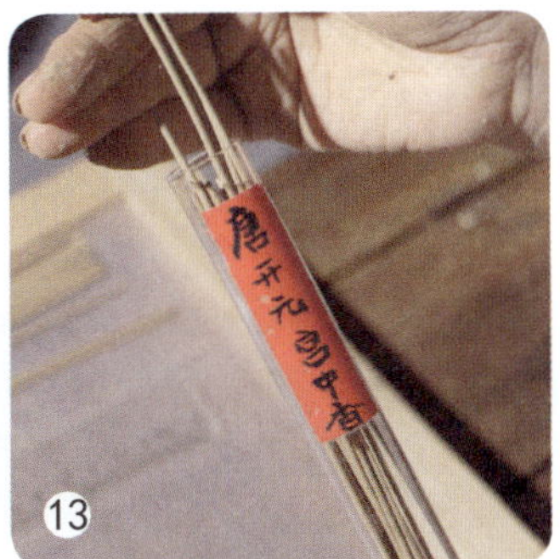
13

汉建宁宫中香

香方故事：

“汉建宁宫中香”是中国历史上最早的和香，距今有1850年左右。东汉建宁是香文化成型阶段，本土香料多为草本，随着丝绸之路大量域外的香料来到中原，此香在宋代被陈敬列入《陈氏香谱》。

在制中国十大名香的顺序中，把“汉建宁宫中香”排列到了“唐开元宫中香”后面，是因为用料品种繁多，备料不足。用料十多种，备料的过程真是考验耐心的，为了更好地直观制香过程，在一丝不苟的态度中，呈现出来的香气是惊人的。

香方制作：

黄熟香50克，白附子20克，丁香皮5克，藿香5克，零陵香5克，檀香5克，白芷5克，茅香20克，茴香20克，甘松10克，乳香2克，生结香5克，枣10克，苏合油2克，研磨成粉末，调入炼蜜做成丸子，为了美观，又用玫瑰花粉裹了一层衣。

香味有浓郁药香，雄浑大气，高贵、清甘。从功效上看，以行气理气，止痛定痛为主。从归经上看，以入脾胃为主。从性味上看，以辛甘为主。此香以和合之美为核心，是中国和香最初最好的典范，更是大汉王朝的智慧象征。

制作过程：

第一步：准备香材原料

第二步：将所有香材原料磨粉。

第三步：将香粉倒入盘子中。

第四步：倒入麝香水和炼蜜。

第五步：揉成香泥。

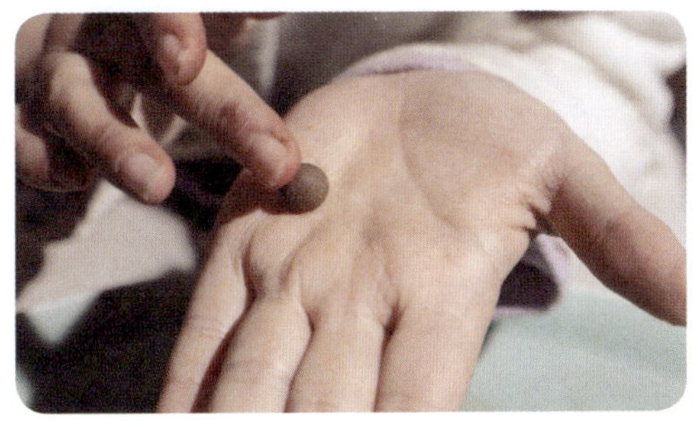

第六步：制成香丸。

第七步：在香丸上撒上玫瑰花粉。

第八步：制好的香丸入罐窖藏即可。

寿阳公主梅花香

香方故事：

寿阳公主是南朝宋武帝刘裕的女儿。公主的梅花香让人联想到美人在安然入睡时，一朵梅花落在她的额头上，洗也洗不去，留下一朵梅花的印。宫中女子纷纷效仿，以至于流传到唐宋时期演变为女子们额头上的梅花妆。传说中的寿阳公主和梅花有千丝万缕的因缘，她亲手模拟梅花做的香，仿佛暗香浮动，穿越时空来到这个世界。

香方制作：

甘松20克、白芷15克、牡丹皮15克、藁本20克、茴香15克、丁皮40克、檀香60克、降真香50克、白梅150朵。

炒制茴香入臼臼碎，同法炒制其余香料入臼臼碎，木质坚固的香料入药碾子碾碎筛粉，所有粉调和，留下一部分做线香，需要加点楠木粘粉。按理说，古方里的配方不太适合做线香，因为古人那时还没有用线香，但为了实践对比一下，还是做了。

古法做成梅花状的饼比线香好闻，刻意闻倒真没有梅花的味道，不经意间隐约却嗅到了清逸幽凉的味道。

制作过程：

第一步：准备香材原料。

第二步：炒制小茴香和白梅花。

第三步：将炒制好的小茴香和白梅花，臼成粉。

第四步：将丁皮、甘松、牡丹皮、白芷、藁本、檀香放入药碾碾粉。

第五步：降真香用刮刀刮粉。

第六步：将所有香粉，倒入盘中。

第七步：倒入沉香茶。

第八步：揉成香泥，醒泥15分钟。

第九步：制成小香片。

第十步：制好的小香片，入罐窖藏即可。

杨贵妃帏中衙香

香方故事:

“衙香”就是在宫中用香，帏中是夜晚寝室里焚的香，据说这款香距今有1200多年的历史了，“唐开元宫中香”是唐玄宗的香，那么这款香就是杨贵妃的温柔香了。黄庭坚外甥洪刍在《香谱》里记载这款香名叫“开元帏中衙香”。

《陈氏香谱》中改名为杨贵妃帏中衙香，收录在《香乘》卷十四·法和众妙香。豆蔻年华的杨贵妃18岁就深得唐玄宗的宠爱，“春宵苦短日高起，从此君王不早朝”。拿到现代来说，当年的杨贵妃一定是一位很“会”的人，她的能歌善舞，据说有狐臭，爱用香来掩盖。还有她的温良性情，哪个君王能抵挡得住她帏中的温柔香呢！他们的爱情故事被流传千古，虽然是以凄美告终，但那回眸一笑百媚生，让唐玄宗久久不能释怀，失去杨贵妃的皇帝日日睹物思情，她留下的那一缕清香也被留在了心间。

香方制作:

海南沉香7.5克、栈香5克、檀香2克、母丁香4克、藿香0.6克、零陵香0.4克、甲香0.2克、麝香0.8克、龙脑0.8克，以上香料都研磨成细粉，炼蜜和匀，做成豆大丸熏之。此香主料是沉香，辅以草木香，散发出来的是一种安宁静气的酸甜清香。就寝前，在帐中小香炉内燃烧一丸“帏中衙香”，甜柔轻盈的香气在帐帷间徘徊，让人舒心畅体，安享一夜好眠。

制作过程：

第一步：准备香材原料。

第二步：将沉香、栈香、丁香、藿香、零陵香、甲香、分别入药碾，碾粉。

第三步：将香粉倒入盘中。

第四步：加入龙脑水、麝香水、炼蜜。

第五步：揉成香泥。

第六步：制成小香丸。

第七步：小香丸入罐窖藏即可。

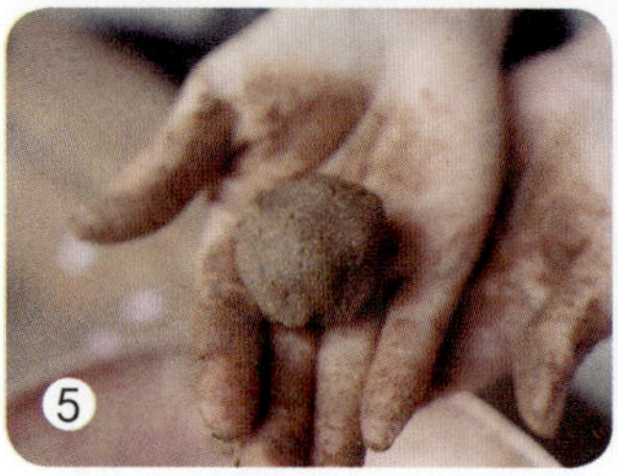

苏州王氏帐中香

香方故事：

中国古代寝室用香最早在东汉有“红罗复斗帐，四角垂香囊”的说法。唐代时更有意思了，女性在晚上就寝前会在床帐中专门设一香炉来焚舒眠的香品，多是以水果和香料和合，散发出来令人放松怡情的香味，所以，流传至今的有“江南李主帐中香”“杨贵妃帐中衙香”“苏州王氏帐中香”。查阅《王氏家谱》，王氏始祖大约在宋代的苏州东山一户大户人家，这里的王氏推算应该是唐代的王氏。体现了当时贵族生活的精致。为了能让自己的寝室里芬芳怡情，古人是一代代想出各种花样，明清时期他们又直接把鲜花花篮拿来寝室了，或者使用蔷薇水，茉莉花露、玫瑰露了。

香方制作：

檀香35克，切成米粒大小，不能斜切，用清茶浸泡，茶水须没过香粒，一日后取出阴干，用慢火炒至紫色。沉香7克，直切成段，乳香3.5克，单独研磨。龙脑、麝香，各一克，单独研磨，用清茶化开。

将以上原料碾成细末，与210克净蜜一同浸渍，在清茶中加入半盏水，熬至百沸，重新称量，以与蜜的重量相等为准，放凉之后，加入木炭105克，与龙脑香、麝香调和均匀，贮藏在瓷器之中，封入地窖，随即搓成丸焚烧。

制作过程：

第一步：准备香材原料。

第二步：制檀香。

第三步：将乳香、沉香、木炭入碾子，碾粉。

第四步：将沉香粉和乳香粉、檀香粉一同倒入盘中，均匀搅和。

第五步：将香粉倒入热炉中，倒入炼蜜、清茶水、木炭粉、龙脑水。

第六步：揉成香泥。

第七步：制成小香丸。

第八步：小香丸入罐窖藏即可。

苏内翰贫衙香

香方故事：

苏内翰即苏轼，因曾任翰林学士而得此称谓。衙香，是宋代文人阶层流行的香方之一，多以名贵沉香为主香制作，这个地方苏东坡加了一个“贫”字说明了香方中没有用到名贵香料，以白檀香作为主料还是比较实惠的方子。苏东坡调香不拘泥形式和味道，而在意一种境，一种洒脱自在的意境。“九衢尘里任逍遥”的境界才是他所想要的香境。

比如前面讲他的《雪中春信》也重于意境，或许是苏东坡当时就是用这种方式和自身的风骨表达某种状况。“富香”与“穷香”是依香料价格划分，但对香本身来说没有高低贵贱。其实文人用香，也真不是用来显摆权贵，他们心中自有属于他们的山水画卷，从来无关贫富、贵贱，缕缕轻烟，讲究的只是一份心境，无论何时，无论何地总有一炉香，静静地散发芬芳，不为喧嚣尘世所扰，守住初心、不忘闲趣、保持生活的雅致。

香方制作：

白檀140克，切成薄片用蜜拌匀炒成褐色，乳香15克，用袋同酒煮取出，麝香少许，先将檀香研磨粗粉，次入麝香再入炭粉35克上色，与玄参3.5克，乳香研磨后和匀炼蜜做成丸子，入瓷罐密封窖藏。

制作过程：

第一步：准备香材原料。

第二步：檀香入热炉倒入蜂蜜炒制。

第三步：热炉内倒入好酒，乳香入袋，放入酒中煮制。

第四步：将煮制的乳香、炒制的檀香、木炭、玄参分别放入碾子中碾粉。

第五步：将香粉倒入盘中。

第六步：倒入炼蜜、麝香水。

第七步：揉成香泥，制成小香丸。

第八步：小香丸入罐窖藏即可。

香方故事：

篱落是山野田间的篱笆墙。“篱落疏疏一径深”是人们一直向往的田园生活，黄庭坚也说“得霜篱落剩黄花”篱落是文人墨客的生活写照。“篱落”二字体现了一种淡泊的生活态度，即远离尘嚣和繁华的世界，追求宁静和返璞归真的境界。隐藏在古籍里的篱落香方具有隐士风格，清贫、天然、随性，香料组合起来呈现出独特的草药味。

篱落香以简朴的配料和淡雅的香气传达出远离纷扰、追求自然平和的生活哲学，这与有些人的个人气质、处世之道不谋而合。篱落香不仅气味清新脱俗，能够让人身心愉悦，而且香方中的香材有清热解郁、通窍安神的作用。在炎热的夏日点燃一柱篱落香，能够缓解压力和酷暑带来的烦躁之感，静心安神，非常适合夏天使用。

香方制作：

玄参、甘松、枫香、白芷、荔枝皮、辛夷、茅香、零陵香、栈香、石脂、蜘蛛香、白芨面，各等分，生蜜捣成剂做饼熏。

制作过程：

第一步：准备香材原料。

第二步：将所有香材分别放入碾子中，碾磨成香粉。

第三步：将所有的香粉，倒入盘中。

第四步：倒入生蜜。

第五步：揉成香泥。

第六步：制成小香片。

第七步：制成的小香片入罐，窖藏即可。

闻思香（武）

香方故事：

“闻思香”相传为宋代大文学家苏东坡传世的著名香品之一。“闻思香”是苏轼任杭州知府时制作的，用料考究、配伍严谨，有通经开窍、养性安神之作用。其香气华贵、不失庄严，隐灵动于安和之中，使人闻思之中得有无之精华。香如其文，韵深意长、沁人心脾，苏轼一生爱香，无论是流放海南，还是被贬黄州，一刻都没有离开过香，乌台诗案后，苏轼被贬黄州，后来又赴任杭州，闻思香正是他在任杭州知州时所配制出来的，也是最能表达他当时心境的一款香。

其香由元参、旃檀、红松子、荔枝皮、香附等所制，元参的甘甜，伴随老山檀香深邃的韵味，红松子搭配荔枝皮的果香，幽远深邃的香味令人想象着当时的苏东坡望向西湖百感交集。我们再来细致品读他的《和黄鲁直烧香二首》：四句烧香偈子，随香遍满东南。不是闻思所及，且令鼻观先参。“非闻思所及”体现了烧香的超越感觉，“且令鼻观先参”引导受香者以鼻观之，彰显信仰心灵上的参与。可见，一代文豪就是不一样，玩香也到了极致，升华到心灵。

香方制作：

玄参、荔枝皮、松子仁、檀香、香附子、丁香各7克，甘草10.5克，研磨成细粉，榠汁和成剂，窨燃烧。

制作过程：

第一步：准备香材原料。

第二步：榠楂切块入臼，臼碎。

第三步：将臼碎的榠楂倒入纱布。

第四步：挤出榠楂汁。

第五步：将所有香粉倒入盆中后，再倒入榠楂汁。

第六步：揉成香泥后，制成小香片。

第七步：制成的小香片，入罐即可。

香方故事：

大寒过后，静待春归；顺应节气，调养生息。顺应节气制香也是一种修德。一款香在人们的生活中酝酿而生，感知寒中有暖，蕴藏春天。香名香方中带春意，可想而知古人对美好生活满怀憧憬和对未来充满期待。香方中的“降真香”用蜡茶浸、煮，是清洗炮制掉它的污秽和燥气，配以丁香龙脑麝香，整个香韵是甜柔馨香，感觉就像在春天的百花深处迷失了方向。被花醉，被香醒，这里不禁让人想起一句很美的诗词：“酒醒只在花前坐，酒醉还来花下眠。半醒半醉日复日，花开花谢年复年。”在他们心里，藏的不仅仅是香气而是一年又一年的春天吧？

香方制作：

降真香140克，蜡茶浸三天，第二天煮十次，取出研磨细粉，丁香10克，龙脑2克，麝香2克。炼蜜和匀，正常熏烧。

制作过程：

第一步：准备香材原料。

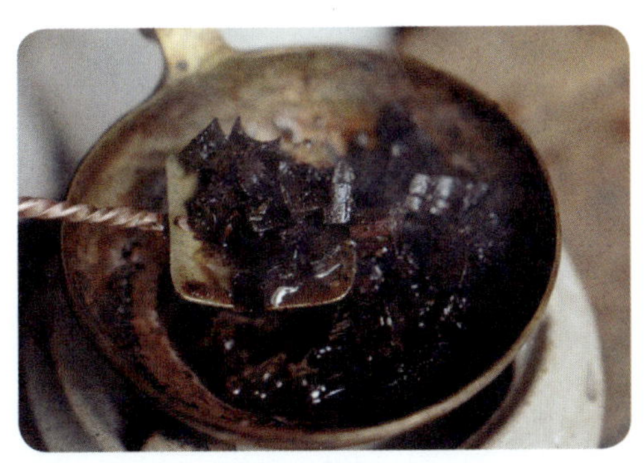

第二步：制降真香。

第三步：蜡茶、丁香、晒干的降真香磨粉后，倒入盘中。

第四步：香粉中倒入炼蜜、龙脑水、麝香水。

第五步：揉成香泥。

第六步：制成小香片。

第七步：小香片入罐，窖藏即可。

春宵百媚香

香方故事：

“春宵百媚香”，多么具有诗意的名字！此香不但有好听的名字还有好闻的味道。看配方组合就知道既有花香又有果味香。读此香名，脑海中浮现出来的词汇是：性感、温暖、妩媚、美艳。如白居易在《长恨歌》中形容杨贵妃一样，“云鬓花颜金步摇，芙蓉帐暖度春宵”。这说的不就是贵妃醉酒时的那种美艳娇柔的媚态神色吗？香做好放在那里都会有阵阵清香扑鼻而来。香方功效有怡情催情的效果，不过也是一款平时能用的香。过去的人们用香做香成为生活中的一部分，现在的我们也可以自己动手做一款，让香气充满爱情，增色生活。

香方制作：

母丁香70克、白笃耨28克、詹糖香28克、龙脑香7克、麝香5.5克、橄榄油10.5克、甲香（制过）5.5克、广排草须35克、花露35克，制过的茴香5.5克，梨汁适量，玫瑰花17.5克（取瓣），干木香花17.5克（选用花心为紫色者，用其花瓣），共同研末，脑香、麝香单独研磨，加入苏合油及炼蜜少许，与花露调和，捣制数百下，用不吸水容器密封入窖，春秋两季窖十日，夏季五日，冬季十五日，取出后，用玉片隔火焚烧，香气异常多彩。

制作过程：

第一步：准备香材原料。

第二步：榅桲切块入臼。

第三步：臼碎的榅桲入纱布。

第四步：滤出榅桲汁。

第五步：将所有的香粉倒入盘中。

第六步：将炼蜜倒入花露中制蜜水。

第七步：香粉中倒入蜜水、榅桲水、龙脑水、麝香水、苏合油。

第八步：揉成香泥。

第九步：制成小香片。

第十步：小香片入罐，窖藏即可。

⑤
⑥
⑦
⑧
⑨
⑩
春宵百露

香方故事：

此香出自葛洪所著的《神仙传》，书中收录了中国古代传说中道教仙人的事，其中记载的养生学说被后人引用，道香就是来源于此。道教称香有太真天香八种，即道香、德香、无为香、自然香、清净香、妙洞香、灵宝慧香、超三界香。道香是八香之一，此处的道香香方极简单，具有解郁化痰，清神静心的作用，古方味道可能不适合现代人的嗅觉审美，所以也可以适当修改。据说皇帝们经常使用道家仙丹，他们想长生不老，帝王在吃五谷的基础上，还服食，以金、银、珠宝、玉、水和仙草类物质炼成的丹药。

香方制作：

香附子140克，去须，藿香35克，两味香料用酒同煮，等酒干一半取出阴干为细粉，以榠汁调和成泥，作为饼熏之。香味醇厚浓郁，熏一炉在室，心境顿然澄净，不求长生不老，只求现世安稳。

制作过程：

第一步：准备香材原料。

第二步：榠楂切块入臼。

第三步：将臼碎的榠楂入纱布。

第四步：滤出榠楂汁。

第五步：香附子和藿香用酒同煮制（酒尽为止）。

第六步：煮制后滤出炒干入药碾。

第七步：碾粉后倒入盘中。

第八步：香粉中倒入榠楂汁。

第九步：揉成香泥。

第十步：制成小香片。

第十一步：小香片入罐窖藏即可。

不下阁新香

香方故事：

冲陶山中

宋·汪宗臣

侵床绿意多，过牖松花落。

草堂一编诗，送客不下阁。

古时候多阁楼，不下阁意指不出门，诗中作者沉醉于诗中，不愿出门送客。那么此香我想也是和这首诗的意思相近，反映出，香气迷人，点燃一炷，心醉神迷，不愿出门的意趣。此款香气清雅甜凉，闻之真的不想出门。

香方制作：

栈香35克，丁香3.5克，檀香3.5克，降真香3.5克，甲香0.4克，零陵香0.4克，苏合油0.2克。

研磨为细末，白芨末14克，加减水和作饼，为一柱。

制作过程：

第一步：准备香材原料。

第二步：将香料研磨成粉倒入盘中。

第三步：在香粉中倒入炼蜜。

第四步：揉成香泥。

第五步：制成小香丸。

第六步：制成的小香丸入罐窖藏即可。

宣和贵妃王氏金香

香方故事：

这款香的名称已经把这款香方一语道尽了，宣和是宋徽宗最后一个年号，也是北宋最后的和平时光，盛极而衰同样适用于一个王朝。尽管繁华终将成为过眼云烟，尽管金人的烈马踏破东京城阙，亦无法抹去北宋文化的巅峰。那位美丽的王氏女子亲手为她的君王制作香，她用贵重的香料沉檀脑麝裹以象征尊贵的金箔制成香。想象中她是他的知音，一缕气清雅柔的香，是他和她相伴的话题。

香方制作：

古蜡沉280克、檀香70克、牙硝、甲香（制）、金额香、丁香各17.5克，麝香35克，片白脑子140克。上述材料均研为细末，加入炼蜜，先放入其他的香，之后再放入片白脑子、麝香，搓成丸，大小随意，用金箔包起来。

制作过程：

第一步：准备香材原料。

第二步：香材研磨成粉倒入盘中。

第三步：香粉混合后倒入炼蜜、麝香水、龙脑水。

第四步：揉成香泥。

第五步：制成小香丸后用金箔纸裹衣。

第六步：香丸入罐窖藏即可。

宋代美学

史学大师陈寅恪曾说：“华夏民族之文化，历数千载之演进，造极于赵宋之世。”宋徽宗的书画造诣极高，宋徽宗的御制香历来为香家所推崇，他更知道什么是美，什么是生活。宋朝文人除了做学问还可以悠闲生活。宋人精通绘画擅长诗词歌赋。宋代出现的文人特别多，他们大多在权力和财富面前不贪婪。他们知道生命中最有价值的事情，在他们心里有自己的一片天地和山水。在宋代文人的生活中，自制和香成为他们忘却烦恼的方式，中国香在他们的引领之下更是登峰造极。

和香汇集了上亿品种。他们的生活美学独领风骚。他们合出来的香和他们的品性一样和雅无燥气，充满生命灵气的意象与精神，匠人精神细腻恬淡，宁静轻盈。在《宋史·徽宗本纪》中有着详细的记述：徽宗钟好朝廷之礼，喜爱音乐、书画、诗词、丹青、草木鱼虫之画、禽鸟兽兽之乐、体相植物花草之香。他不仅热爱香料，更是在文化艺术领域有着独到的见解和造诣。

文人感叹：“无香何以为聚？”宋代文人留下的咏香诗文数量之多、质量之高，令人惊叹。文坛名家几乎全有咏香的诗文佳作。李煜、晏殊、晏几道、欧阳修、柳永、苏轼、黄庭坚、范成大、李清照、陆游、辛弃疾等都留下了咏香的灿烂文辞。这既是当时文人爱香的写照，也是中国香学文化步入鼎盛时期的重要标志。

最爱香的文人，非黄庭坚莫属，他自称“天资喜文事，如我有香癖”，爱香如痴。

黄庭坚写过数量可观的焚香诗词。他的《有惠江南帐中香者戏答六言二首》：“百炼香螺沉水，宝薰近出江南。一穟黄云绕几，深禅想对同参”“螺甲割昆仑耳，香材屑鹧鸪斑。欲雨鸣鸠日永，下帷睡鸭春闲”。又《子瞻继和复答二首》：“置酒未容虚左，论诗时要指南。迎笑天香满袖，喜公新赴朝参”“迎燕温风旎旎，润花小雨斑斑。一炷烟中得意，九衢尘里偷闲”。这些诗非常细腻地写出了品香的过程和内心的感受。我们再读他的《香之十德》。他把聚天地纯阳之气而生的香悟到了身与心。

香之十德

宋·黄庭坚

感格鬼神，清净身心。

能拂污秽，能觉睡眠。

静中成友，尘里偷闲。

多而不厌，寡而为足。

久藏不朽，常用无障。

黄庭坚不但爱焚香，还爱自己研究制作香。台北故宫博物院藏有黄庭坚的《书药方》册页一帧，其所书内容实为香方也，香方名为“婴香”，称之为《制婴香方》《药方帖》或《婴香帖》。

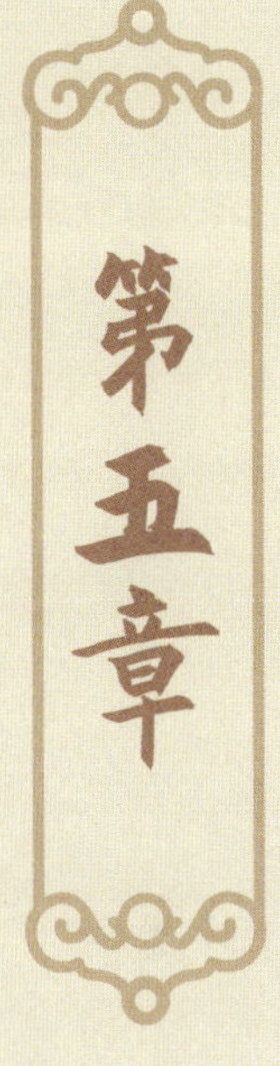

第五章

凝合花香

香方故事：

榅桲也被叫作鹅梨，不仅是口感香美的水果，也是调制熏香的辅料。制香要选择香气清郁的鹅梨，最先将鹅梨作为香料的是江南李主帐中香。该香用沉香与鹅梨蒸制而成，也被称作“鹅梨香”。南唐后主真有才！这样的熏香不但可以嗅到令人欢愉的味道，还能疗愈咽喉咳嗽等症状。那时的古人就知道通过七孔吸收和香的香药。

香方制作：

栈香50克，檀香50克，乳香30克，丁香15枚，麝香少许，研为末，以蒸鹅梨汁和作饼子，窨干，制成形状的饼和丸隔火熏，如果做成线香，韵味便会稍微逊色了一点。

兰蕊香用梨汁作为黏合剂，调和香粉制作香饼。兰蕊香属于模拟兰花香味的香方，梨汁的作用除了黏和香粉外，还可增添香品的清甜之气，让香韵更似兰花的清幽。兰蕊香味清香悠远，清雅高贵，令人心生宁静，熏一炉兰蕊香，使人仿佛置身于田间小路上，忘却烦恼。

制作过程：

第一步：准备香材原料。

第二步：清洗榅桲。

第三步：去皮切丁。

第四步：放入砂锅中蒸煮一个小时。

第五步：将煮好的榅桲取出捏成果泥。

第六步：将乳香、丁香放入石臼中臼粉。

第七步：将檀香、沉香放入药碾中碾粉。

第八步：麝香泡水。

第九步：将果泥和香粉倒入盘子中。

第十步：倒入麝香水。

第十一步：揉成香泥。

第十二步：制成小香片。

第十三步：将制成的小香片入罐窖藏。

笑梅香

香方故事：

笑梅香也叫肖梅香，没有梅花却模仿出梅花的香味。古代文人雅士很喜欢这种暗香浮动的感觉。宋人爱梅爱得如痴。在宋人的生活里，不仅有诗词绘画，而且还模拟梅花和香。

笑梅香清润自然，似甜微酸。果肉和香粉融合在一起，通过炭火烤制，返璞归真，充满疗愈气息，是一款香甜妩媚的传世之香。

香方制作：

榅桲两个，檀香50克，沉香50克，金颜香30克，麝香1克。

将榅桲切顶做盖，剔去核，将沉香、檀香研末填满盖好顶帽，用牙签封好盖子，再用生粉裹榅桲，生炭火烧，表面焦黄为度，去掉面粉取榅桲研成膏，再将麝香、金颜香研细，入膏体拌均匀，做成梅花形阴干烧之。

在做这款香时，仿佛穿越到古老的年代里，摇着蒲扇，炭火生起，和面粉团包好的香梨在火中嗞嗞响，有种浴火重生的感觉，没有想到的是炙烤后的香气是如此的清新脱俗，把它寓意成寒冷中绽放的傲骨梅香了。

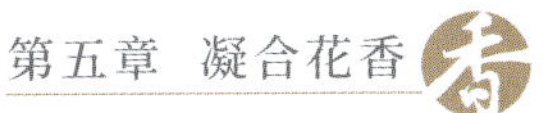

制作过程：

第一步：准备香材原料，所需香料有榅桲、麝香、金颜香、沉香、檀香。

第二步：清洗榅桲。

第三步：切去顶部。

第四步：挖去榅桲内核。

第五步：将沉香、檀香放入药碾碾成香粉。

第六步：将金颜香放入石臼臼粉。

第七步：麝香泡水。

第八步：将所有香粉倒入盘子中。

第九步：搅拌后将香粉装入榅桲中。

第十步：封住顶部，用牙签固定。

第十一步：和面粉。

第十二步：用面粉包裹住装好香粉的榅桲。

第十三步：裹好的榅桲放在热炉上，炭烤三个小时。

第十四步：剥开用炭烤好的榅桲。

第十五步：挖出榅桲里的香粉。

第十六步：倒入麝香水。

第十七步：揉成香泥。

第十八步：制成香片。

第十九步：制成的香片入罐，窖藏即可。

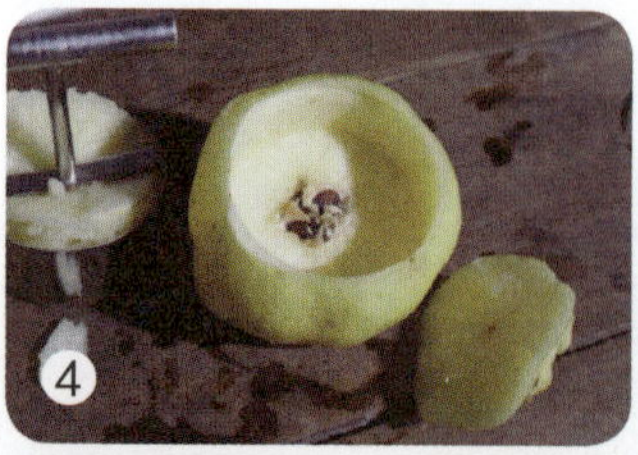
4

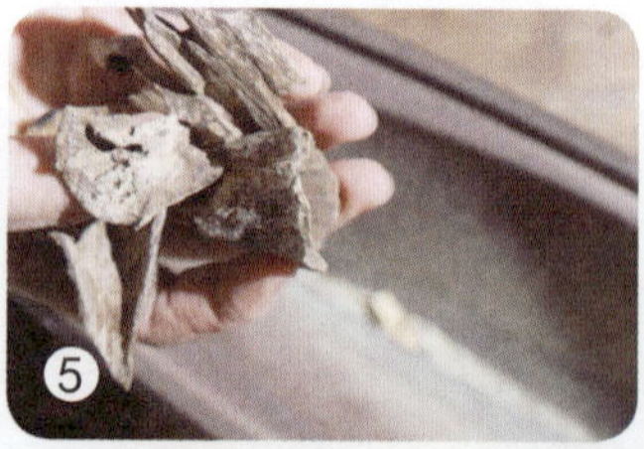
5

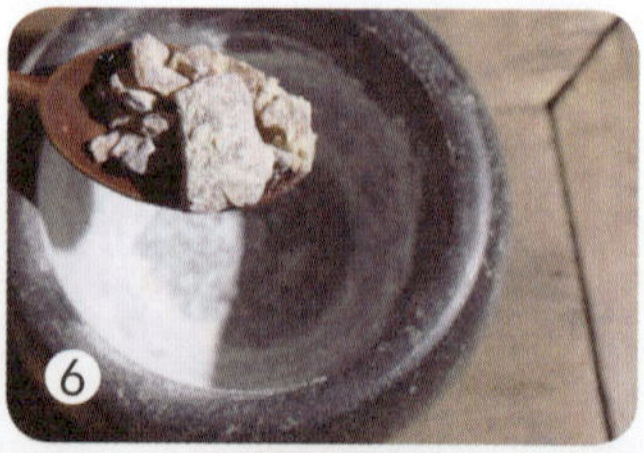
6

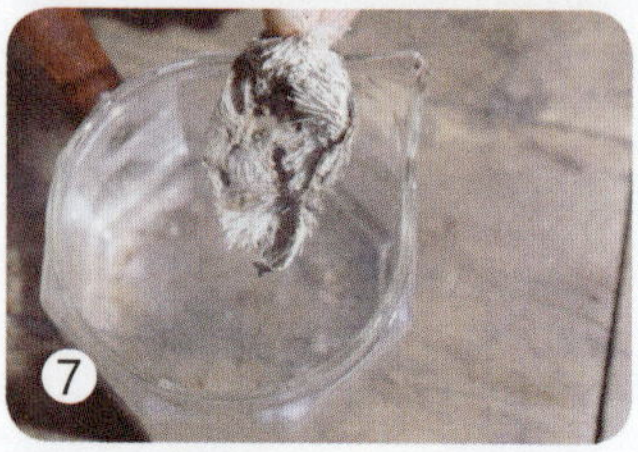
7

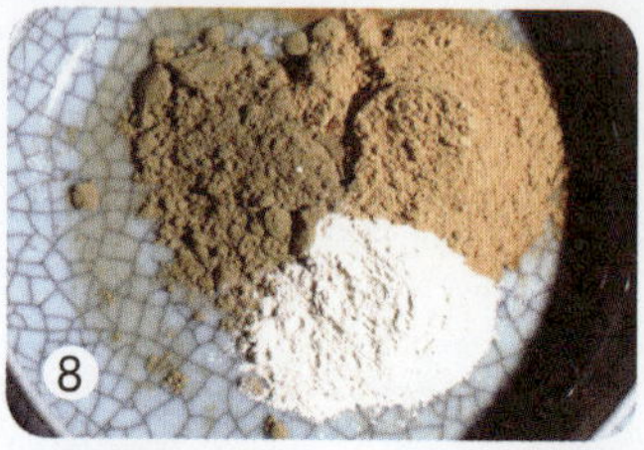
8

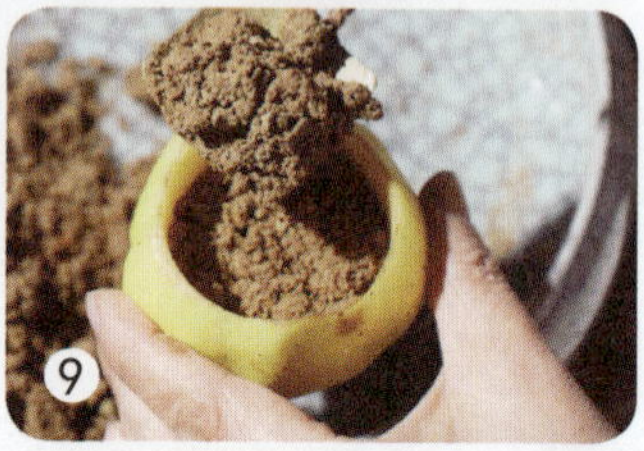
9

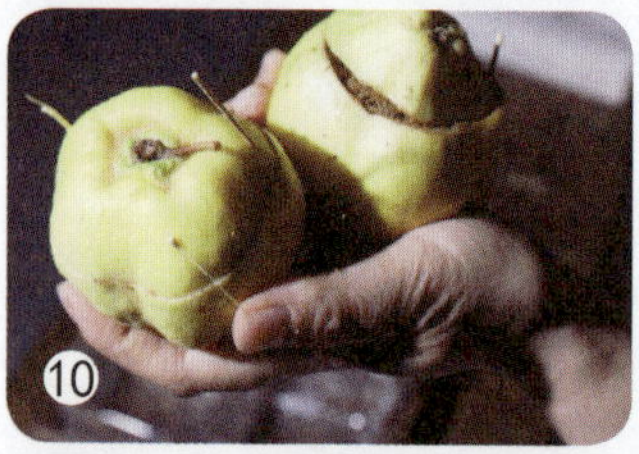
10

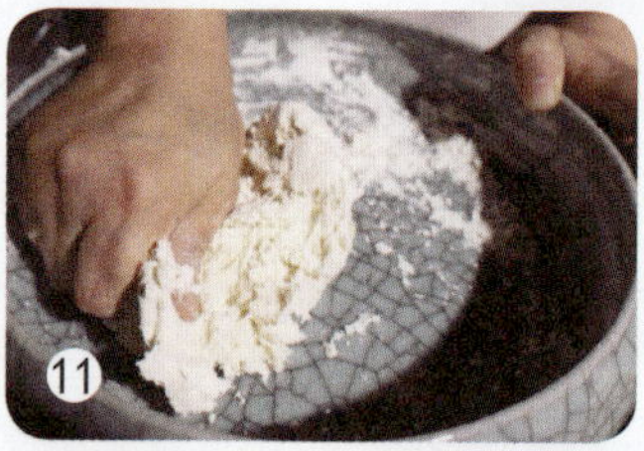
11

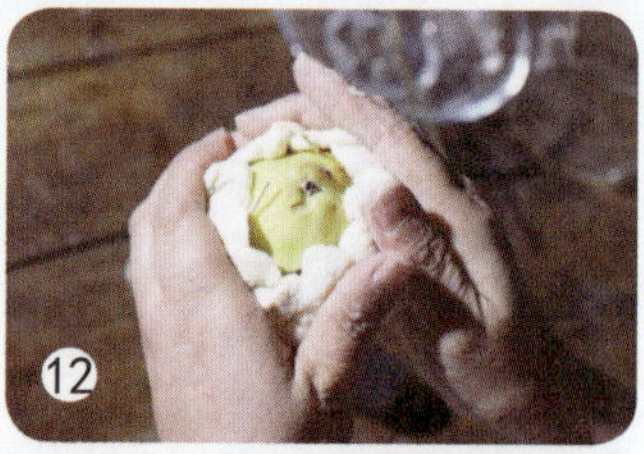
12

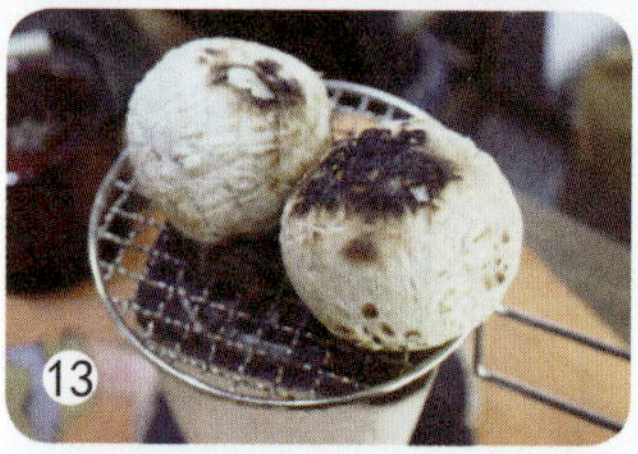
13

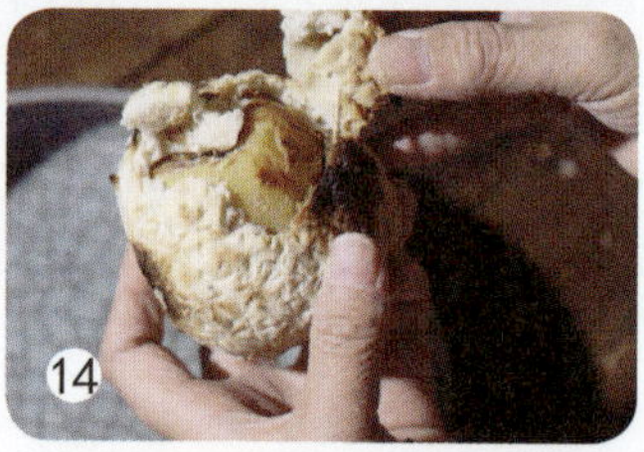
14

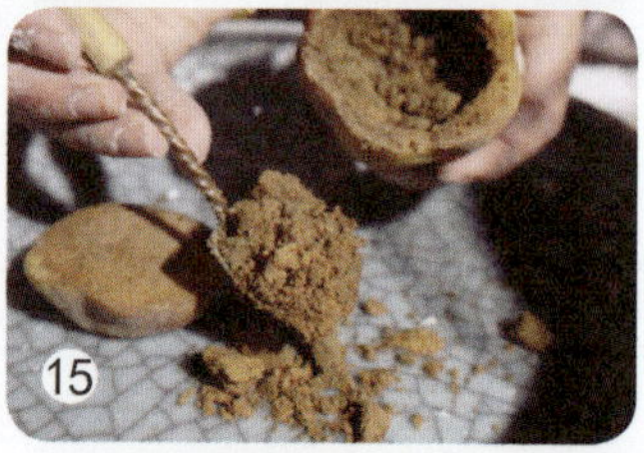
15

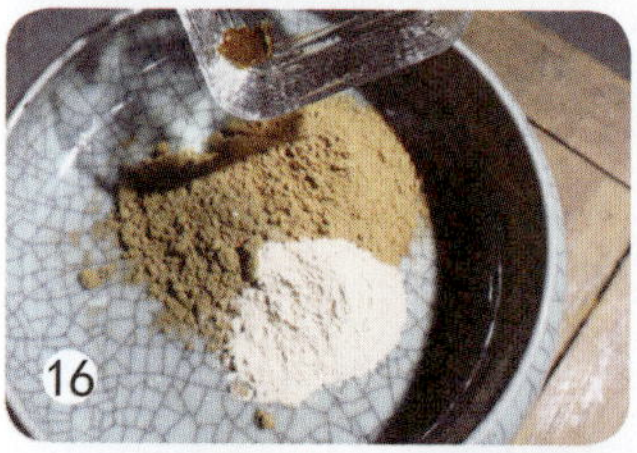
16

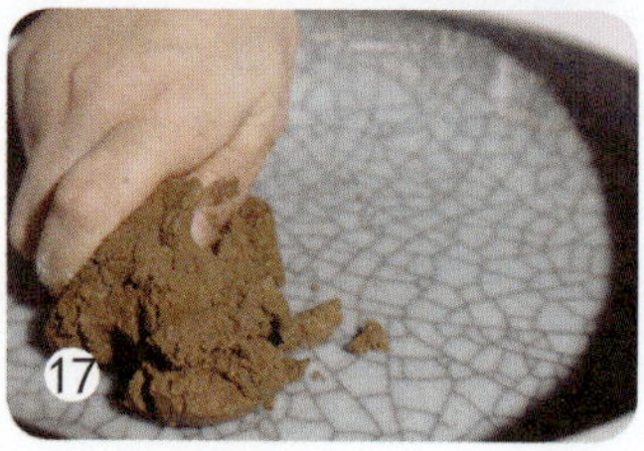
17

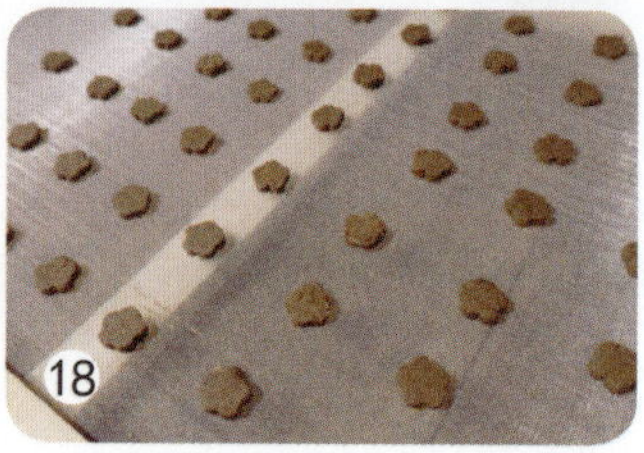
18

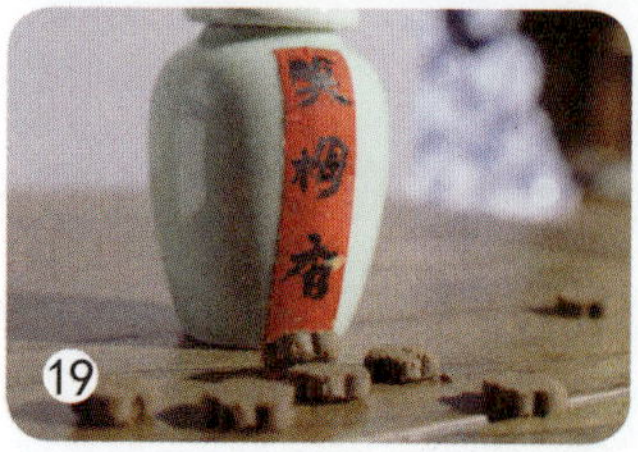
19

香方故事：

“酴醾”，又称荼蘼，就是到了春意盎然的时候开满路边的蔷薇花。“花开荼蘼”就是因此而来。

春天时，若是荼蘼花开了，那么人间芬芳也将要落尽了。可以说，荼蘼香是整个繁茂春日最后的一抹余味。我在做此方香时正是黄栌结果时，红色的黄栌叶子在阳光普照下透出迷人光彩，如苏东坡所说：“一年好景君须记，正是橙黄橘绿时。”古人究竟怎么想的呢？一个香方，跨度了春夏秋冬。

香方制作：

《香乘》卷十八《凝合花香》歌曰：“三两玄参二两松，一枝栌子蜜和同，少加真麝并龙脑，一架酴醾落晚风”。准备好玄参105克，甘松70克，蜂蜜、麝香龙脑少许，佐料的玄参和甘松摇身变为了主方。一枝栌子，原来是黄栌的种子。

冬日寒冷，万物凋零，但只要一炉酴醾香燃起，就会有烟气从香炉里慢慢攀上桌脚屏风、窗棂横梁，幻化出团团烟粉色的蔷薇花，在风中轻轻颤动，带着你重回春天的怀抱。

制作过程：

第一步：准备香材原料，所需香料有麝香、龙脑、沉香、黄栌、甘松、玄参、荼蘼花。

第二步：炒制黄栌。

第三步：将炒制后的黄栌放入石臼中臼粉。

第四步：将荼蘼花放入石臼中臼碎。

第五步：将沉香、甘草、玄参放入药碾中碾粉。

第六步：麝香、龙脑泡水。

第七步：将所有香粉和臼碎的茶蘼花，倒入盘中。

第八步：倒入麝香水和龙脑水。

第九步：可选择性加入炼蜜增加黏合性（也可选择不加炼蜜）。

第十步：揉成香泥。

第十一步：制成香片。

第十二步：制成的香片，放在晒网上阴干。

第十三步：阴干后的香片，即可入罐窖藏。

①

②

③

④

⑤

⑥

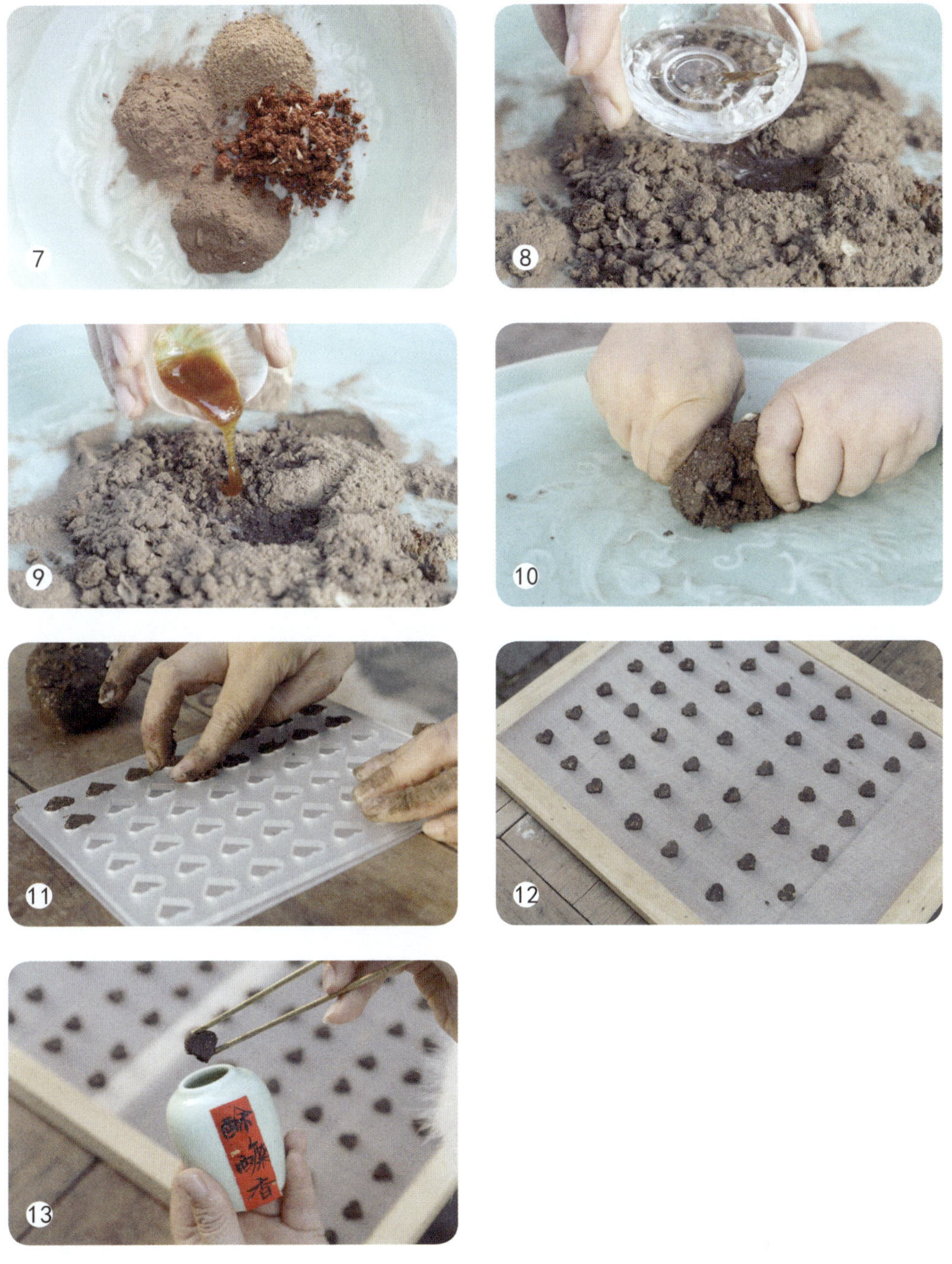
7
8
9
10
11
12
13

香方故事：

兰花香气不凡，深受古代文人的赏识。黄庭坚形容其香“清风过之，其香蔼然，在室满室，在堂满堂”。

古人也常调制兰花香，并不是用兰花，而是模拟兰香的香方，如笑兰香、李元老笑兰香、兰蕊香、胜兰香等。

香方制作：

《笑兰香歌》曰：“零藿丁檀沉木一，六钱藁本麝差轻，合和时用松花蜜，爇处无烟分外清。”零陵香、藿香、丁香、檀香、沉香、木香比例上采一比一的分量。藁本、麝香21克，以松花蜜来调和以上香材，制作成的兰花香饼、香丸。使用时采用隔火之法，香气轻盈扑鼻，无烟雾燥感。围炉赏雪时，焚起笑兰香实在是美了景美了心境，清婉甜润的香气，可能会舒缓郁闷的心情。黄庭坚诗云：“险心游万仞，躁欲生五兵，隐几香一炷，灵台湛空明。”

从黄庭坚爱香成痴看来，无论文采和香癖，一炷香能够避开凡尘琐事，让心安静。在香家眼中，所谓品香并不只是用鼻子去闻香，而是一种精神境界的升华，即所谓“鼻观”。对他们而言，香是日常生活的良伴，是歌咏言志的依托，也是对心灵的净化与修炼。

人生短促，世事纷杂，何不烹茶焚香，以慰时光？

制作过程：

第一步：准备香材原料：沉香、檀香、麝香、丁香、藁本、藿香、零陵香、木香。

第二步：炒制丁香。

第三步：将炒制好的丁香放入石臼中臼粉。

第四步：将沉香、檀香、藁本、藿香、零陵香、木香倒入药碾中碾粉。

第五步：麝香泡水。

第六步：将所有的香粉倒入盘子中。

第七步：倒入麝香水。

第八步：可选择性加入炼蜜增加黏合性（也可选择不炼蜜）。

第九步：揉成香泥。

第十步：制成线香。

第十一步：制成小香片。

第十二步：香片制成，即可入罐窖藏。

第十三步：线香需阴干三日，入罐窖藏。

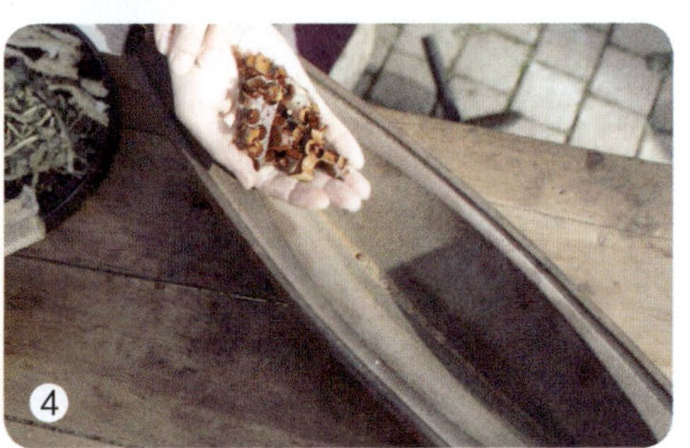

蜡梅香

香方故事：

有种说法“蜡梅不是梅”。在古代，无畏寒冬的特性也使得蜡梅成为古代文人墨客笔下的常客，常常赋予它孤高绝俗，贞洁自爱的君子情操，尤其到了宋代，当时生活在尘世中不得志的诗人们更与它结下了不解之缘。他们看到在寒霜季节盛开的蜡梅，傲雪耐寒，独入清香。其中北宋诗人李廌的这句“底处娇黄蜡样梅，幽香解向晚寒开”，非常贴切地形容蜡梅不畏寒冬的特质。那么，这里说到不是蜡梅花绽放的香气，而是模拟出来的蜡梅香气。周家胄先生收集在《香乘》卷十八“凝合花香”中“蜡梅香”。

香方制作：

古方沉香10.5克、檀香10.5克、丁香21克、龙脑1.75克、麝香0.4克。研为细末。调整后：炮制一年的蜡梅窨沉香15克，炮制檀香15克，丁香30克，龙脑2克，麝香少许。

馥郁的蜡梅香宛如一缕清风拂过脸颊，让人忍不住想走进庭院去呼吸，当扑面而来的芬芳化为宁静时，更叹蜡梅的高贵坚韧的品格了。复刻此香方，时刻提醒我们无论多么寒冷，都要像蜡梅一样在傲霜绽放，生命方显光彩！

制作过程：

第一步：准备香材原料：蜂蜜、麝香、沉香、檀香、丁香、龙脑。

第二步：将丁香和檀香入石臼臼粉。

第三步：麝香、龙脑泡水。

第四步：将沉香放入药碾，碾磨成粉。

第五步：将所有的香粉，倒入盘中。

第六步：在香粉中倒入龙脑水、麝香水和蜂蜜。

第七步：揉成香泥。

第八步：制成小香片。

第九步：制成线香。

第十步：线香和香片放在纱网上阴干。

第十一步：阴干后，即可入罐窖藏。

腊梅香

香方故事：

模拟各种花香的和香法在《香乘》卷十八之中，录有70种不同花香的香方。即使是表现某一种花的香气，所使用的材料组合都各有巧思。就说“鄙梅香”吧，这款香你无法想像古人是用水塘里的浮萍作为引子，漂浮不定的水草和梅花有什么关联呢？在做这香方前，我也是孤陋寡闻，不知道冬季浮萍不是绿茵茵地漂浮水塘里，还好终于觅得一点，平时不注意的浮萍也如获至宝一样欣喜。

香方制作：

取浮萍，洗干净备用，沉香30克，檀香6克，公丁香6克，龙脑1.5克，所有香材研细，混合加蜂蜜5克，放若干浮萍汁，做成线香赏烟。浮萍性阴有聚烟的功效，所以这款香烟型好看。

闻了此香就明白了那句“恰如梅影在西窗”的意境了。香味似兰若荷，若梅胜梅，清澈澄明，无比芳香。看着妙曼的烟，闻香的人似乎都不敢动，就怕惊动梅花的影。

制作过程：

第一步：准备香材原料：浮萍、蜂蜜、龙脑、沉香、檀香、丁香。

第二步：清洗浮萍。

第三步：将清洗好的浮萍放入研钵中碾碎。

第四步：碾碎的浮萍倒入纱布滤出草汁。

第五步：将龙脑粉倒入滤出的草汁中。

第六步：将檀香、沉香放入药碾碾成香粉。

第七步：将丁香放入石臼臼粉。

第八步：将所有香粉倒入盘中。

第九步：倒入草汁。

第十步：倒入蜂蜜。

第十一步：揉成香泥。

第十二步：制成香丸。

第十三步：制成线香。

第十四步：香丸制成，即可入罐窖藏。

第十五步：线香需阴干后，入罐窖藏。

①

②

③

④

⑤

⑥

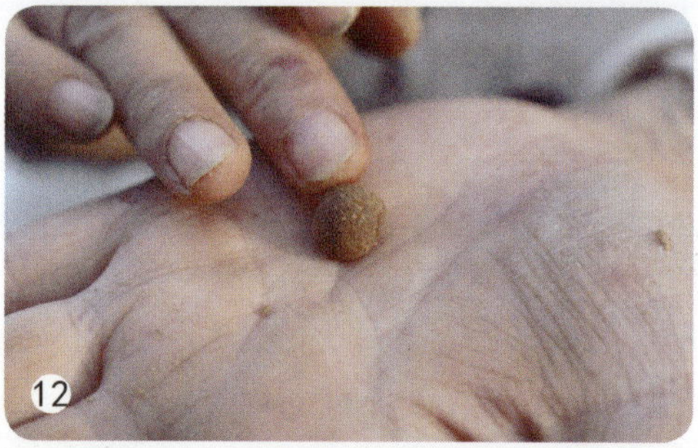

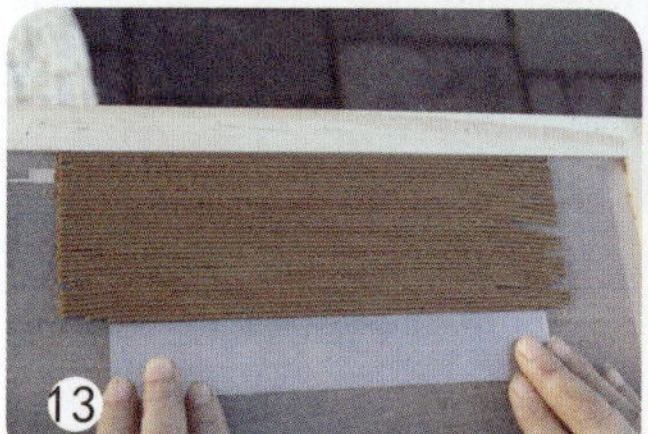

香方故事：

在《霜天晓角·桂花》中，词人说：“桂花独占了花中的美誉”。无论是它那优雅的气质还是幽郁的香气，两样都称得上是花中的极品，无谁能比。又说：“桂花是从天上的月宫生长出来的”，将桂花奉入了一个极高的境地。

月宫中生长的桂树，金庭玉阶是桂花生长的环境，月光皎洁，桂枝飘香，赋予了桂花极美的意境。

今日做“桂花香”的缘起，是我带着莱莱出去遛弯。满树的冬青子像葡萄熟透一样可爱又让人垂涎欲滴，突然想起桂花香方中用到它，怎能错过这么好的机会呢？

香方制作：

采摘冬青子洗净备用，去年焙干的桂花若干磨粉备用，捣碎冬青子去渣留汁，这里是违背了香方原来的意思了，用冬青汁和陈韵的桂花粉和合而成桂花香，用云母片隔火熏香。蓦然回首，就在脑海中浮现了南宋诗人杨万里的《芗林五十咏·丛桂》：

不是人间种，移从月中来。

广寒香一点，吹得满山开。

这带着仙气的香味，是从广寒宫散落人间了。

制作过程：

第一步：准备香材原料：冬青子、桂花。

第二步：清洗冬青子。

第三步：将清洗好的冬青子，放入石臼中臼碎。

第四步：将臼碎的冬青子放入纱布中，滤出汁水。

第五步：将桂花放入石臼中，臼粉。

第六步：将桂花粉，倒入盘中。

第七步：倒入滤出的冬青子汁水。

第八步：揉成香泥。

第九步：做成香丸。

第十步：在香丸上撒上桂花粗粉。

第十一步：制好的小香丸，即可入罐窖藏。

7

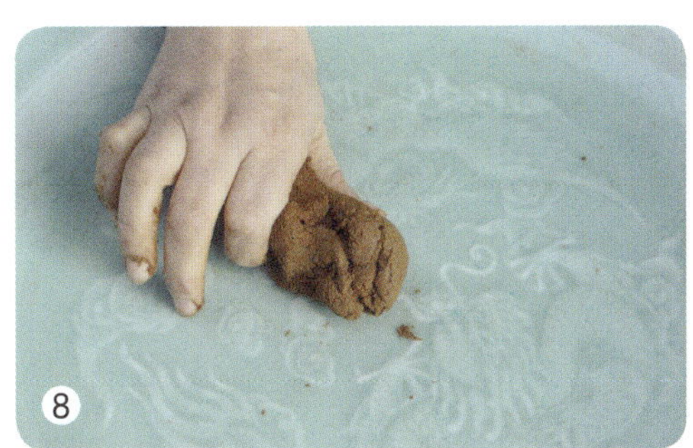
8

9

10

11

韩魏公浓梅香

香方故事：

《陈氏香谱》就记载了一则非常优美的轶事：一次，以画梅著称的华光长老仲仁派人将两幅新作送给黄庭坚。黄庭坚便与好友惠洪一起在灯光下欣赏。望着绢素上寒姿凌欹的梅影，黄庭坚不禁感叹道：“画面如此生动，让人仿佛真的置身初春清寒的梅林间，唯一的遗憾是没有花香！”结果，惠洪当即笑着从随身包囊中取出一小粒香丸，焚于炉内。很快，黄庭坚当时所栖宿的家中，便有鲜明的梅花香气轻浮暗溢。它原本的名字，叫作“韩魏公浓梅香”。

北宋诗人黄庭坚十分钟爱此香，称赞它“如嫩寒清晓，行孤山篱落间”。他觉得“浓梅”二字未能彰显出梅香的寂雅幽清之意韵，于是将其改名为“返魂梅”。

香方制作：

黑角沉20克，丁香2.5克，蜡茶3克，郁金香3克，郁金香根茎一块炒变色，麝香少许，淀粉1克，白蜜一盏，都磨粉，麝香融水，蜡茶调汤放入沉香，依次放丁香，郁金香，将多余的蜡茶和定粉混合均匀搓成丸，隔火熏香。这款香方中，并没有用到梅花，可它模拟出的香气却宛如梅花返魂而来，疏影横斜，暗香浮动，轻烟细细，梅韵深深。

制作过程：

第一步：准备香材原料：蜡茶、丁香、沉香（黑角沉）、麝香、淀粉、郁金香根茎、蜂蜜。

第二步：炒制郁金香根茎（炒制根茎表面微焦黑即可）。

第三步：将炒制好的根茎，放入石臼中臼粉。

第四步：将蜡茶、沉香、丁香放入石臼，臼粉。

第五步：将臼好的腊茶粉，倒入茶杯中调汤。

第六步：在调好的汤中倒入沉香粉、丁香粉、郁金香粉、淀粉。

第七步：再倒入麝香水和蜂蜜。

第八步：揉成香泥。

第九步：制成香丸。

第十步：制成的香丸，即可入罐窖藏。

洪驹父荔枝香

香方故事：

这个香方中的洪驹父就是《香谱》的编著者洪刍。黄庭坚是他舅舅。洪驹父能让简单的荔枝水果变成一款香方流传千古，为中国的香文化史再添暖香一炷。

宋代陈元靓著《岁时广记》卷四“炷暖香”条目写道“《云林异景志》载：白云溪有僧舍，盛冬，若客至，不燃薪火，暖香一炷，满室生春”。明代周家胄《香乘》中有记载暖香，但并无暖香方传世。清代董说在《非烟香法》“香医”篇中写道：“蒸荔枝如辟寒犀，使人神暖。”和香方所用的荔枝，便属于暖香。

香方制作：

先炮制刚剥开壳的荔枝，用黄酒没过两指头深，用炭火蒸到酒干为止，晒干，研磨成细粉。取60克荔枝粉，少许麝香炼蜜和成丸，上炉熏。

说句心里话，做此香时，前面做的很多香方背香谱实在太累了，想偷懒一会儿，这个香很简单，就是荔枝，麝香用来发香。

今天，正巧逢小雪。“洪驹父荔枝香”，刚好完工。一切皆是刚刚好！没有刻意安排，却为这年的寒冬带来了一炷暖香！

制作过程：

第一步：准备香材原料。所需香材：麝香水、蜂蜜、荔枝。

第二步：炮制荔枝壳。

第三步：将炮制好的荔枝壳，放入药碾中碾粉。

第四步：将药碾中的荔枝壳粉倒入筛网中，筛出细粉。

第五步：将细粉倒入盘中。

第六步：在细粉中，倒入麝香水和蜂蜜。

第七步：揉成香泥。

第八步：制成线香。

第九步：制成小香片。

第十步：香片制成，即可入罐窖藏。

第十一步：线香需阴干后，即可入罐窖藏。

5
6
7
8
9
10
洪駒父荔枝香
11
洪駒父荔枝香

簪花仕女图

《簪花仕女图》是中国十大名画之一，文人雅士的四雅其中的挂画免不了要提到此画。

簪花在唐代是社会风尚。唐代周昉所绘《簪花仕女图》中的六位簪花妇女，就分别簪了牡丹花、海棠花、荷花、红花和芍药花，惟妙惟肖地展现唐代妇女将鲜花作为装饰，搭配服饰的生活情态。

真正将簪花的地位推向顶峰的是宋代。商业的繁荣与士大夫阶层的兴起，促进了宋人爱簪花风气的养成，无论男女老少都对簪花兴趣浓厚。宋代不仅女子爱簪花，男子亦然。宋仁宗在宫殿上给所有的进士赐花，朝堂之上人人头戴鲜花。宋代的老人也簪花。黄庭坚的词中说“花向老人头上笑，羞羞。白发簪花不解愁”。苏东坡在杭州任职期间写下“人老簪花不自羞，花应羞上老人头”。在这里，看不见伤春叹时的悲情，反而是积极乐观的胸襟与天真烂漫的情态。就连犯人出狱时，狱

卒都要给他们脑袋上插朵花才可以离开，意为去晦气。

《水浒传》中梁山好汉大帅哥燕青是“鬓畔爱簪四季花”，短命二郎阮小五是“鬓边插朵石榴花”，病关索杨雄是“鬓边爱插翠芙蓉”。不仅市井的江湖好汉爱簪花，文人墨客也追捧这一习俗。名相韩琦在扬州任职期间，官署后花园有棵“金带围”的芍药，开了一枝四朵岔，每岔都开了花。民间传说出现一枝四岔开花的芍药，当地会出现宰相了。韩琦邀请当时同在扬州的王珪、王安石、陈升之四人观花。四个人饮酒时，每个人头戴一朵，此后30年间，四个人都做了宰相，这就是有名的“四相簪花”。簪花这一习俗不管是过去，还是将来的复古潮流，都表达了人们对生活的豁达开朗和喜乐之情感。

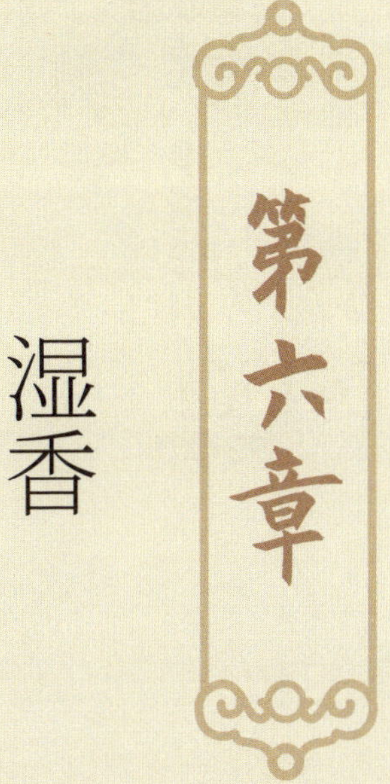

第六章 湿香

香方故事：

在佛教中，以香供佛是一种虔诚的供养。因为香是传递真诚心的一种媒介。焚香中产生的一种清净、虔诚、忘我的状态，看着一缕清香袅袅上升，直达天庭的神圣境界，只有在真诚的状态中才能产生。

佛教自问世之初便与香有着不解之缘。释迦牟尼佛住世之时，就对香十分推崇。其后两千多年，佛家用香的习惯不断得到强化和发展。以至有佛寺必有香火，有法事定有香供奉。

从史料记载来看，早期的佛教用香受到技术的限制，基本是原始香材直接焚烧。大约200至900年前后，汉传佛教用香不仅有了严格成熟的配方，而且香的形式也出现根本的变化。从原始香料的焚烧，发展到开始使用“印香、篆香、湿香、香饼、香丸”等。所以说，最初的香的形态多用于佛家。线香、盘香是后来才广行于明清时期。

香方制作：

檀香70克，栈香35克，藿香35克，白芷35克，丁香皮35克，甜参35克，零陵香35克，甘松17.5克，乳香17.5克，硝石0.35克。

用白茅香碎280克，劈去泥，焙干，火焰将绝，急以盆盖，手巾围盆口，勿令泄气，放冷后，取茅香灰捣末，与前香一起慢慢放入，用炼好的蜜相融和，重入臼，捣软，待成形后，贮入器中，取之烧之。

制作过程：

第一步：准备香材原料。

第二步：取白茅倒入砂锅中。

第三步：点燃白茅。

第四步：盖上锅盖后使用毛巾铺于锅盖上。

第五步：等待火燃尽，烧至碳的白茅并捶，磨成碳粉。

第六步：将磨粉后的白茅倒入筛网筛出细粉。

第七步：将檀香、栈香、藿香、白芷、甜参、零陵香、甘松放入药碾中碾粉。

第八步：乳香和丁香入石臼，臼粉。

第九步：龙脑泡水。

第十步：将所有制好的香粉，倒入盘中。

第十一步：倒入龙脑水。

第十二步：揉成香泥。

第十三步：制成小香丸。

第十四步：将制成小香丸入罐，窖藏即可。

久窨湿香

香方故事：

此香被载入《香乘》卷十四：“法和众妙香”，根据此香方的用料推测，诸料之间需要一个相互融合辅佐的过程。香非一体，湿者易和，燥者难调，草本类速燃。木质香料燃烧会慢，所以需要密封状态，燥湿适宜，窨藏三五个月，取出香味旖旎。

香方制作：

栈香140克，生乳香245克，甘松87.5克，茅香210克，香附子35克，檀香35克，丁香皮35克，黄熟香35克，藿香70克，零陵香70克，玄参70克，研磨成粉末，炼蜜和匀焚如常法。

制作过程：

第一步：准备香料原材。

第二步：将乳香、甘松、香附子、藿香、零陵香、茅香放入石臼中，臼粉。

第三步：将沉香、檀香、丁香皮、黄熟皮放入药碾中，碾粉。

第四步：把所有的香粉，倒入盘中。

第五步：倒入蜂蜜。

第六步：揉成香泥。

第七步：制成小香丸。

第八步：制成的小香丸入罐窨藏即可。

①

②

③

④

⑤

⑥

⑦

⑧

香方故事：

茅香是草本类香材，直接燃烧会压过香材的香气，草本类可以有很多处理方法，用蜜酒喷洒炒，枣肉浸也是一种方法。香附子和元参炒后可以让其中蛋白质焦化产生焦糖味，让整个香气更加温暖，龙脑会增加整个香气的清远幽深。

香方制作：

甘松70克去掉枝干，茅香70克用枣肉研磨成膏状浸焙干，元参调整为玄参17.5克炒，降真香17.5克，山奈17.5克，白檀香17.5克，龙脑17.5克，丁香35克，香附子35克，去须微炒一下，麝香7克研磨粉，炼蜜和匀，瓷罐封起来窨一个月，做饼熏之。

制作过程：

第一步：准备原材料。

第二步：将枣肉和茅草粉混合至膏状。

第三步：将所有香粉研磨后同膏状的枣泥倒入盘子中。

第四步：香粉中加入少许龙脑粉和麝香碎。

第五步：倒入炼蜜。

第六步：揉成香泥。

第七步：制成小香丸。

第八步：制成的小香丸入罐窖藏即可。

清神湿香

香方故事：

载入《香乘》卷十四·法和众妙香，有些香方名称可能就是古人通过生活中得出来的功效命其名，顾名思义，此香会使人突然觉得神清气爽，一下从昏昏沉沉中清醒起来。芎须能疏通全身血管，清除动脉中的杂质，并且还能祛风调气，自古就有治疗各种头痛，素有“头痛不离川芎”之说；藁本可以使头部能量振动活跃，故能治疗头部因受寒引起的疼痛。羌活辛散苦燥，温通升散，独活具有祛风除湿，通痹止痛的功效。

香方制作：

芎须17.5克，藁本17.5克，羌活17.5克，独活17.5克，甘菊17.5克，麝香少许。研磨成粉末一起和蜜做成香饼。

制作过程：

第一步：准备香材原料。

第二步：将香材研磨香粉后倒入盘子中。

第三步：香粉中加入蜂蜜、麝香水。

第四步：揉成香泥。

第五步：制成小香片。

第六步：入罐窖藏即可。

僧慧深湿香

香方故事：

约550年，南北朝高僧慧深，因北魏禁佛愤而出海。慧深从辽东出发，途经北海道、堪察加，继而南下，最终抵达墨西哥，即中国古籍里的“扶桑国”。很可能就是为了寻找一方净土，游历扶桑国。1761年，法国汉学家歧尼发表《中国人沿美洲海岸航行及居住亚洲远东的几个民族的研究》一文，主张最早发现美洲的人或许是南朝名僧慧深。

香方制作：

地榆600克，元参600克（用淘米水浸泡两天），甘松300克，白芽35克，白芷35克（用蜜水煮，水干为度切片焙干），研磨成粉，入麝香0.35克，炼蜜和成窖藏一个月熏用。

香气中，有苦味而不浊，微甜却不腻，给人一种禅修般的安静又清醒的感觉。它历经时光洗礼，带着悠久的历史，在其芬芳中隐藏着一份深邃的智慧，仿佛是一位智者，默默地在静坐的时光里为我们指引前行的方向。此时，黄庭坚的“闻香参禅”之作《有惠江南帐中香者戏答六言》中的“一穟黄云绕几，深禅想对同参”便默默萦绕心头。

制作过程：

第一步：准备香材原料。

第二步：淘米后，取淘米水备用。

第三步：将玄参入淘米水，浸泡两夜。

第四步：将浸泡后的玄参滤出。

第五步：再将玄参入热炉炒制。

第六步：再将炒制好的玄参入药碾碾粉。

第七步：甘松、白茅、白芷一同放入煮锅中。

第八步：再倒入蜂蜜，进行煮制（煮至水尽为止）。

第九步：将煮制好的香材滤出。

第十步：将滤出的香材焙干，倒入药碾碾粉。

第十一步：将所有香粉，倒入盘中。

第十二步：倒入麝香水。

第十三步：加入炼蜜。

第十四步：揉成香泥。

第十五步：制成小香丸后，窖藏一月，即可制成。

①

②

3
4
5
6
7
8
9
10
11
12
13
14
15

日用供佛湿香

香方故事：

此香为佛教用香，据《贤愚经》卷六载：佛陀当年住在祇园时，有长者富奇那建造了一座旃檀堂，准备礼请佛陀。他手持香炉，遥望祇园，梵香礼敬。香烟袅袅，飘往祇园，徐徐降落在佛陀头顶上，形成一顶“香云盖”。在这个传说中，“香”是弟子把信心通达于佛的媒介，故经上称“香为佛使”，也是佛教中以香敬佛的缘起。

香方制作：

此香方来自《香乘》卷十四，因为炭粉用量没有明确写，因此本香方中给出的建议用量为炼蜜350克、乳香35克（乳香炼蜜比例为1:10）、炭粉80克。

香方中炭灰比例占比这么重，是制香中的气味嫁接法，利用炭的吸附力，吸收香料的气味，炼蜜浓稠，可以很好地锁住香味使其不挥发掉。嫁接法不可用草本炭灰，草本炭灰的烟味会破坏香气。

制作过程：

第一步：准备香材原料。

第二步：将乳香和炭块放入石臼中，臼成粉状。

第三步：将臼好的粉，倒入盘中。

第四步：倒入炼蜜。

第五步：揉成香泥。

第六步：制成香丸。

第七步：香丸入罐，窖藏即可。

岁朝清供图

“岁朝清供”蕴含着中国古代文人生活中最雅致的部分，最朴素美好的祈愿。对生活怀抱期许、祝福和感恩的心。人们总是在正月初一这一天供代表美好寓意的花卉、水果、文玩，并且焚香来祝福美好的一年。

“岁朝”说的就是农历正月初一，“清供”是在室内案柜上放置供观赏的清雅物品，岁朝清供图则是将这些陈设绘制成图。这是从宋代皇宫开始流行起来的一种绘画题材，基本是以一瓶插花为主，汪曾祺说：“水仙，腊梅，天竹，是取其颜色鲜丽。隆冬风后，百卉凋零，晴窗坐对，眼目增明，是岁朝乐事”。

确实，一丛水仙，两枝梅花，三五蔬果，几般长物，各有各的寓意，各有各的品格，表达着人们心中美好意愿，更是在诉求一种自然古雅的生活方式，一种闲情雅致的心态。“清供”在中国古代，元明清文人生活中占有重要的位置且盛行，出现了诸多画家的“岁朝清供图”。

画中常见格式有瓶插梅花、盆养水仙、兰花、菖蒲、低处佛手、柿子、如意摆件等。清供图有不同寓意，梅花有报春来之意；菖蒲、菊花、松、桃、石头表达寓意“长寿”；佛手、香橼、蝙蝠、葫芦表达寓意“福气”；石榴、葡萄、莲蓬表达寓意“多子多孙”；牡丹、芙蓉表达“富贵荣华”。岁朝清供图到了明清时期，其内容拓展到了一些老百姓过年习俗……

汪曾祺先生在散文《岁朝清供》中描述刘旦宅画“广州春节花市所见”，画的是一个少妇的背影，背篼里背着一个娃娃，右手抱一大束各种颜色的花，左手拈花一朵，微微回头逗弄娃娃，少妇着白上衣，银灰色长裤，身材很苗条，穿浅黄色拖鞋。轻轻两笔，勾出小巧的脚跟，很美。这幅画最动人之处，正在脚跟两笔。这样鲜艳的繁花，很难说是“清供”了。

有这样一幅旧画：一间茅屋，一个老者手捧一个瓦罐，内插梅花一枝，正要放到案上。郑板桥为此画题诗曰：“山家除夕无他事，插了梅花便过年。”这才真是“岁朝清供”！

岁朝清供是属于中国古人过节的浪漫，也是中国人风雅式过年的仪式。

第七章 龙涎香

中国四大名香之一的“龙涎香”是阿拉伯人通过海上贸易，舶至中国的“奢侈品”，阿拉伯海域自古即是龙涎香重要产地之一。

它是一种固状物，也被称为“灰色黄金”。这种固状物是海里抹香鲸的排泄物。经研究发现这种物体必须是鲸鱼自己排出体外才会香，如果是人为取出来就是臭的，它的价值也会一落千丈。从颜色上区分有白色和黑色，白色的比较硬，也是品质比较好的。它们漂浮海上被海浪带到岸边，人类发现和使用龙涎香有一千多年的历史了。

我国汉代时一个渔民从海边捡到这个固状物，发现比麝香还香，于是就贡献给皇上。最初它被宫廷用香列入御用香品，龙涎香目前是香品中最昂贵的香，当时人们发现它不知道怎么形成怎么来的，以为是海里的龙王吐出来的口水，所以称之为龙涎香。直到19世纪人们大量捕杀抹香鲸取鲸油，才发现鲸鱼肚子里的一块结石，这种结石就是龙涎香，它的形成也很奇怪，抹香鲸体重很大，每天需要进食大量海生动物，特别喜欢吃乌贼，乌贼骨骼消化不掉就被抹香鲸的肠道分泌油脂一层一层包裹，此时还不算香只能算粪石，特别臭，经过多年后陈化，才变成香。

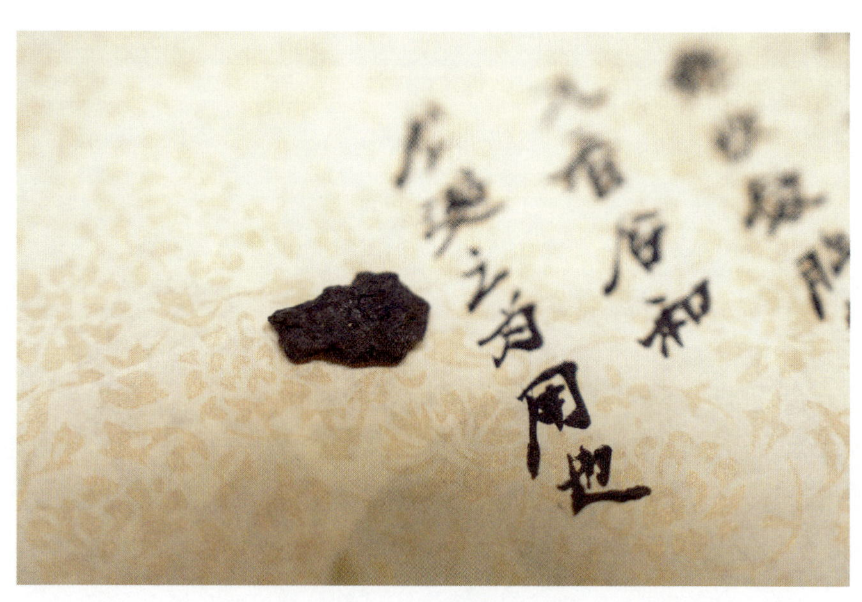

龙涎香的味道无法用语言形容，只有闻了才知道，龙涎香还有一个特殊的功能，它能够在和香中定香持久。后来人们发现物以稀为贵，就开始研究人造龙涎香，龙涎香含量中最重要的物质成分“龙涎甾”还是无法和野生态的比。于是，聪明的古人模拟各种龙涎香的味道，古代除了有龙涎真品的记载，在香谱里还多有龙涎香品的制作方子，称其为古龙涎。就是民间普通人家消费不起的奢侈品，于是退而求其次，只能使用和合的龙涎香。也就是我们现在所说的“古法和香”。

龙涎香在和香中的大量使用是在两宋时期。南宋陈敬《陈氏香谱》所载近三百首香方中，以龙涎为香名的有二十余首，然而许多香方中并无龙涎，只是模拟龙涎香之香韵。还有一点奇妙的地方，往往这样的和香方反而会被加上一个古龙涎的称呼。杨万里《烧香七言》有云：

琢瓷作鼎碧于水，削银为叶轻如纸。

不文不武火力匀，闭阁下帘风不起。

诗人自炷古龙涎，但令有香不见烟。

这里的古龙涎说的就是和香的龙涎香了。谱中诸香方中的确有龙涎香的近十首，恰恰真龙涎香方的很少用“古龙涎”，如：杨吉老龙涎香、亚里木吃兰脾龙涎香、古龙涎香、出尘香、元御带清观香、复古东阁云头香、元若虚捻管瑶英胜、韩钤辖正德香、瑞龙香等，这些香方大多为宫廷贵族所用香方，当时的真龙涎香一香难求，非民间所能制作。

香方故事：

“龙涎香二”此款香没有配料龙涎真品，是一款以紫色上等的檀香为主料，取70克剉碎用榅桲汁加几盏酒浸泡三天取出焙干，甲香的用量为40粒，用黄泥水煮洗净再用蜂蜜炒干研磨粉，这里的甲香用料比例很大，沉香20克切碎片，一贯当主料的沉香丝在这里则用量很少，作用是调和一下诸香料，生梅花脑就是龙脑中比较有等级的。

香方制作：

龙脑取3.5克，麝香也是3.5克，将甲香、檀香、沉香丝一起研磨成细粉，用榅桲汁和蜂蜜、龙脑、麝香混合均匀，瓶装窖藏数日，在没有风的房间，厚灰盖火烧一炷。这个地方说的厚灰盖火烧一炷，就是埋炭隔火熏香，只有淡淡幽香，不见烟，很妙！

制作过程：

第一步：准备香材原料。

第二步：将榅桲切块后，放入石臼，臼碎。

第三步：将臼碎的榅桲，装入纱袋，挤出榅桲汁。

第四步：炮制檀香。

第五步：炮制甲香。

第六步：将炮制后的甲香、檀香碎、沉香丝一同放入药碾子中，碾磨成香粉。

第七步：将碾磨好的香粉，倒入盘中。

第八步：加入麝香水和龙脑水以及榅桲汁。

第九步：揉成香泥。

第十步：制成小香丸。

第十一步：制成的小香丸入罐，窖藏即可。

1
2
3
4
5
6
7
8
9
10
11
龙涎香(二)
龙涎香(二)

古龙涎香（沈）

香方故事：

“古龙涎香（沈）”此款香配方中有龙涎香真品，是那十款确实有龙涎真品的其中一款。古蜡沉实在稀有，通常随处可见的放在案几上，那一抹亮色鹅黄的佛手柑，也能入香方。佛手柑奇妙清甜的味道中和合其他诸位香，相辅相成地散发出来无可言说的香气。此香方用料还是比较贵气，虽然龙涎香因珍贵只能放一点，但整体体现出来的香味依然高贵典雅，暗香疏影弥漫整个空间。

香方制作：

这里用的是油脂含量比较丰富的香材：沉香50克，佛手50克，金颜香15克，番栀子8克。这里的番栀子，作为南方人真没搞懂是什么，翻阅资料才知道是藏红花。龙涎香3克，梅花脑4.5克。这个方是用鲜佛手柑榨汁，还可以把佛手柑晒干，研磨成细粉，加入麝香少许，炼蜜和匀做成丸熏。香做完熏了一颗湿湿的香，顿时被古人的香气打动了。

制作过程：

第一步：准备香材原料。

第二步：将佛手果切块倒入石臼臼碎，再滤出汁水。

第三步：将金颜香、藏红花放入石臼中，臼为碎粉。

第四步：将沉香入碾，碾粉。

第五步：将所有的香粉，倒入盘中。

第六步：倒入龙涎香水、龙脑水、佛手果汁水。

第七步：揉成香泥。

第八步：在香泥中加入蜂蜜、麝香水。

第九步：制成小香丸。

第十步：制成的小香丸入罐窖藏即可。

智月龙涎香（补）

香方故事：

智月龙涎香，这款香方倒是没有什么特别的地方，做起来也很顺利，就是把香方用料单位换算过来，就一目了然，看到了它的配伍体系君臣佐辅了。

香方制作：

沉香35克，麝香3.5克，米脑（龙脑的一种）5.25克，金颜香1.75克，丁香3.3克，木香1.75克，苏合油3.5克，白芨4.5克，需要研磨成细粉的都磨好细粉状，皂角提前泡了一宿，用皂角蘸水和香揉成泥，放臼内杵千次，做成香窨干，小火玉片隔火熏香。

制作过程：

第一步：准备香材原料。

第二步：浸泡皂角一夜后取皂角水。

第三步：将丁香、木香、白芨、沉香放入药碾碾磨香粉。

第四步：将金颜香放入石臼臼成细粉状。

第五步：将所有的香粉倒入盆中，分别加入龙脑水、苏合油、麝香水、皂角水。

第六步：揉成香泥。

第七步：制成小香丸。

第八步：小香丸入罐，窖藏即可。

亚里木吃兰牌龙涎香

香方故事：

蜡沉即沉香软油料，按现在的说法，应该就是黄奇楠了。因为用的是蜡沉，所以此香无需其他辅料即可捻为饼子。而我用其他沉香来替代了蜡沉，没办法在不加入辅料的前提下捻成形，所以适当增加了楠木粘粉成型。蔷薇水是手动法而得来的，由蔷薇花蒸馏萃取而成，这方法是在没有设备的情况下的简单替代，当然更好的是用先进仪器设备萃取。

香方制作：

蜡沉(蔷薇水浸一宿，研细)70克、龙脑7克、龙涎香1.75克。研为末，入沉香泥，捻饼子窨干爇。

制作过程：

第一步：准备香材原料。

第二步：萃取蔷薇水。

第三步：沉香入罐后倒入蔷薇水浸泡三日。

第四步：将浸泡好的沉香滤出晒干后入碾碾粉。

第五步：将沉香粉倒入盘中。

第六步：倒入龙脑水、龙涎香水。

第七步：揉成香泥后制成小香片。

第八步：小香片入罐窖藏即可。

小龙涎香（新）

香方故事：

这味方子如果就看锦纹大黄为君料，不去实践证明一下，都会觉得这味被这大黄抢占风头了，其实不然！

中国的和香神奇就神奇在这里，整个方子的香味并没有想象中那么冲，而是芬芳中香而不腻，隐隐散发出来药香。如果谈此香方的功效，大黄是清热解毒的，和方中的寒水石正好相辅相成，在和香时和合阴阳，祛除有些香药的燥性时会使用寒水石。

香方制作：

锦纹大黄35克，檀香17.5克，乳香17.5克，丁香15克，玄参15克，甘松15克，寒水石7克，同研磨细末，梨汁和作饼子加热熏之。我觉得榅桲的香味比普通的梨汁味清香，建议配方中的梨最好用榅桲来代替。

制作过程：

第一步：准备香材原料。

第二步：取榅桲汁。

第三步：将寒水石、丁香、玄参、乳香放入臼臼粉。

第四步：将甘松、大黄、檀香放入碾碾粉。

第五步：将所有的香粉，倒入盘中。

第六步：倒入榅桲汁。

第七步：揉成香泥。

第八步：制成小香片。

第九步：小香片入罐窖藏即可。

小龙涎香（补）

香方故事：

此香方中虽然没有用到龙涎真品，总体来看用料还是考究的，除了沉龙麝外，麦冬有很多别名也叫“不死药”。麦冬的功效和沉香属于一味药，具有抗心律不齐、宁心安神的作用。

方中用到了上回自做的蜡茶，怪不得除沉香外其他配料用量很少，因为蜡茶中就有这些配料成分在茶里了。

香方制作：

沉香35克，乳香3.5克，龙脑1.75克，麝香1.75克，用蜡茶浸研，把适量的生麦门冬去心研泥做成饼，正常熏香。

制作过程：

第一步：准备香材原料。

第二步：将生麦门冬去芯后入石臼臼碎。

第三步：将沉香入碾碾粉。

第四步：将乳香、腊茶入臼臼粉。

第五步：腊茶粉调汤。

第六步：将沉香粉、乳香粉、麦门冬碎倒入盘中。

第七步：倒入腊茶汤和龙脑水。

第八步：揉成香泥。

第九步：制成小香片，放置晒网上阴干。

第十步：阴干后的小香片入罐，窖藏即可。

古龙涎香二

香方故事：

“古龙涎香二”，这个香方里也是没有真龙涎的古龙涎香，香方制作比较简单。

香方制作：

沉香35克，丁香35克，甘松70克，麝香3.5克，甲香3.5克，都研磨成细粉，炼蜜和匀，做成饼窨一个月取出熏。

制作过程：

第一步：准备香材原料。

第二步：将所有香材一同倒入碾子中，碾磨成粉。

第三步：将香粉倒入盘中。

第四步：倒入蜂蜜、麝香水。

第五步：揉成香泥。

第六步：制成小香片。

第七步：小香片入罐，窖藏即可。

龙涎香（补）

香方故事：

龙涎香（补），与其说是香，不如说这款是药，具有安神助眠、润肺止咳、补益脾胃、抗菌消炎、消肿止痛等功效。

香方制作：

沉香35克，檀香17.5克，用蜡茶煮（一种炮制檀香法），金颜香17.5克，笃耨香3.5克，这是一种乳香中的高级品种，白芨末9克，脑麝各1.2克，研磨成细粉，皂角水作为黏合剂脱成花饼熏。

制作过程：

第一步：准备香材原料。

第二步：制檀香。

第三步：皂角泡水。

第四步：将所有香材磨粉，倒入盘中。

第五步：倒入皂角水、龙脑水、麝香水。

第六步：揉成香泥。

第七步：制成小香片。

第八步：放入晒网阴干三天。

第九步：阴干后的香片，即可入罐窖藏。

插花与宋画

中国人的焚香、挂画、插花、点茶被称为“唐宋四雅”，是相通的：画中有花，花中有画，画中有香。

东方插花起源于中国。中国的传统插花又根植于中国古代先民的生活。

早在春秋时期，人们便开始用花祭祀和表达情爱。以容器水养插花形成于南北朝时期的佛前供花。隋唐时期插花成为一门艺术学科，并细分出宫廷插花、寺院插花、文人插花、民间插花。到了宋代，插花艺术普及老百姓的日常生活中，成为一项基本素养。

至宋代，不仅插花用器繁多，花材保鲜方法也完善。隋朝时，受日本圣德太子

之托，遣隋使小野妹子到中国学习，将中国佛前供花这一习俗带回日本，中国插花从此在日本撒下种子。在中国插花的基础上，日本人根据他们的本土文化创建了更多的流派出来。

《西湖繁胜录》记载钱塘有百万人家，一家买一百钱花。可见宋人对插花的热爱，由此带动了花市的繁华。南宋宫廷画师李嵩的作品《花篮图》中可以看出宋人以竹篮为器皿，四季花为配材来完成一件插花作品，现存于世的《花篮图》分别以春夏冬为代表，诠释人与自然的关系，顺应四季的变化来表现。夏《花篮图》收藏

于北京故宫博物院，冬《花篮图》收藏于台北故宫博物院，春《花篮图》收藏于龙美术馆。冬用到山茶花，水仙，梅花，枯瘦的叶材中几朵鲜艳的茶花点亮了整个冬天，也使画面多了一点温暖色！正值腊月，也许是心中对春的渴望对冬的留念，于是就有复刻冬《花篮图》的冲动！

宋人的生活有多精致，大概只有这样的画师才能记录，说宋人遇见插花，不如说插花遇见了懂生活美学的宋人，他们把插花的理念结合于日常生活中，让这朵“理念花”影响着千年的中华文化。

在宋画中我们会看到“插花”的影子，而在“插花”的背景下又仿佛看到那

么多的画师孕育而生的作品。宋画中苏汉臣的《妆靓仕女图》，南宋佚名的《盥手观花图》等，从画中都能看到宋人插花。天津博物馆收藏的《盥手观花图》中一位云鬟宫帔的贵妇晨妆初罢焚香观花，远处铜弧中插的牡丹花，她侧身回眸望向那瓶花，脸上露出满意笑容，一名侍女持长柄宫扇，另一名正在捧着金盆为她盥洗。通览全图，最动人之处就是女子回眸望向那瓶牡丹花，画师营造的是“人面牡丹相映红”的意境，反映了深闺女子顾盼有情。

由此可见，宋之前插花是大户人家的雅事，宋之后插花也是有不同的场合和背景，各种节日祭祀时的礼俗插花，文人雅士聚会时候的雅士插花，宫廷中插花都以富贵牡丹为题材，器选水晶，碾玉，铜弧，民间插花三两枝就简单为好了。插花，赏花，挂画，赏画，是中国人骨子里对美的鉴赏与追求！

第八章

清真香

丁晋公清真香

香方故事：

清真就是清纯朴实，这样的香是来诠释大自然的纯一无染的清气。丁谓，苏州人，字公言，被封为晋国公，所以称为丁晋公。有名的“丁晋公清真香”，焚烧起来有如“千花喷晓风”，气势非凡。明代《香乘》记录有丁谓所创的“丁晋公清真香”，此香方被编成具有韵律的歌诀，便于记诵传播。

丁谓形容此香的气息如百花绽放般芬馥浓郁。丁谓与香颇有缘分，他早年担任转运使监造贡茶，以香入茶的经验促成他对香深入研究；中年久值宫中，通晓宫内用香仪礼；晚年被贬海南，对沉香产地实地考察，撰写了著名的《天香传》。

丁谓在《天香传》中详述了用香历史、产香地区、香材优劣，并首次对海南沉香作了分类，提出了“味清、烟润、气长”的沉香气味品鉴准则，深深地影响后人对于香之气味的评鉴。

谪居海南时，丁谓与家人在崖州城外建造屋舍，还专门修了一座小楼，名曰“相公亭”。丁谓每日于楼上赏风景，焚香读书，也算是过的怡然自得。其《天香传》言：“忧患之中，一无尘虑，越惟永昼晴天，长霄垂象，炉香之趣，益增其勤。”

香方制作：

《清真香歌诀》记录了清真香的配方成分、薰烧方式及香方气味。玄参140克、甘松70克、麝香0.175克，将诸香研末，以炼蜜调和，制成芡实大小的香丸。此方中麝香为香引，与甘松、玄参相合能而转成似花香的清幽之气。

制作过程：

第一步：准备香材原料。

第二步：将玄参、甘松入药碾碾粉。

第三步：将香粉倒入盘中。

第四步：倒入炼蜜、麝香水。

第五步：揉成香泥。

第六步：制成小香丸。

第七步：将小香丸入罐窖藏即可。

黄太史清真香

香方故事：

黄太史清真香用料比较简单，因为此款香可能是在他晚年被贬生活条件很差的时期所制。黄庭坚最失意的日子，是靠焚香制香来排解心中的苦闷，获得精神上的安宁。黄庭坚晚年被贬宜州，入住在嘈杂不堪的市集内。市集又吵又脏，充斥着各种叫卖声与难闻的气味，其《豫章黄先生文集》载："余谪宜州半载，官司谓不当居关城内，乃抱被入宿子城南，予所僦舍喧寂斋，虽上雨旁风，无有盖障，市声喧愦，人以为不堪其忧……既设卧榻，焚香而坐，与西邻屠牛之机相直"。对黄庭坚来说，当市井喧哗的叫卖声与肉屑的腐败气味，种种繁杂俗事汹涌侵扰时，只需焚香一炷就能够"灵台湛空明"，烦忧、闹心之事就在香气下荡然无存。

香方制作：

柏子仁70克，甘松蕊35克，白檀香17.5克，桑木麸炭末105克；以上研磨细末，炼蜜和丸，瓷器窨一月，以桑木炭末为辅料，炼蜜和成丸。原方中以柏子仁为君料，因油脂过重，所以采用倍散法将所有材料一起研磨。"黄太史清真香"，称其能养心宁神。柏子仁养心气，宜智宁神；甘松理气形散，芳香开脾郁；檀香有开

窍、行气、安神、解郁的功效，三味香药合制的熏香，焚之有养心宁神之功效。古人通过对香之气味、嗅觉过程，也是生命的净化与修行。

制作过程：

第一步：准备香材原料。

第二步：将柏子仁、甘松、白檀、一同倒入药碾中碾粉。

第三步：将碾好的香粉倒入盘中。

第四步：将桑木麸炭磨粉倒入香粉中。

第五步：倒入炼蜜。

第六步：揉成香泥。

第七步：制成小香丸。

第八步：小香丸入罐窖藏即可。

5
6
7
8
黄太史清真香

在《红楼梦》中，有138处提到香，可谓是“香满红楼”，香无处不在，它和衣食住行一样已然渗透到红楼生活点滴之中。

香的身影在红楼贾府中主要体现在生活日常和祭祀仪式中。《红楼梦》中关于祭祀用香描写的笔墨有很多，第五十三回写到了宁国府除夕祭宗祠的场景，可以看出“白玉为堂金作马”的贾府当时的盛况，在“香烛辉煌，锦幛绣幕”的氛围中贾府人分昭穆站立在宗祠两侧，“贾敬主祭，贾赦陪祭，宝玉捧香，贾菖贾菱展拜毯，守焚池”。宗祠祭礼后，各处佛堂灶王前整晚焚香上供。除了除夕，中秋的祭礼也很重要。在贾府，中秋夜要等到明月升空才去上香。在第七十五回有关于中秋祭祀的场景描写：在嘉荫堂前的月台上，“焚着斗香，秉着风烛，献着瓜饼及各色果品”，地上铺着拜毯锦褥，“贾母盥手上香，拜毕，于是大家拜过”，当晚“月明灯彩，人气香烟，晶艳氤氲，不可形状”。这里所焚的斗香，应是一种宝塔形的香，专供中秋祭祀之用。

从书中描写的这两场祭礼可以看出，对于贾府这一大家族来说，节日祭祀是一项非常重要严肃的活动。祭祀用香不仅仅是如此，在一些细节上也能够体现贾府的“香火旺盛”。如十八回元春省亲时见“山环佛寺”便净手进去焚香礼佛；二十九回贾府一众人去清虚观打醮；三十九回走水后，贾母“忙命人去火神跟前烧香”；六十二回写宝玉生辰也提到了祭礼，生辰当日清晨前厅院中设了天地香烛，宝玉“炷了香，行毕礼，奠茶焚纸”后方至宗祠及家中各处拜礼。

说到生活熏香这条平行线，常用的便要数香囊了。香囊，又称香包、香袋、荷包等，或随身贴身佩戴，或悬挂于床帐四角或是马车之内。书中也多次提到黛玉为宝玉绣香囊香袋等物件，黛玉恼了贾宝玉将自己送的荷包也赏了下人后，宝玉“从里面红袄襟上”将荷包解了下来，可见宝玉对这荷包这一信物的珍视。

香囊成为年轻男女之间信物互相赠送。书中还出现了很多香具，比如，北静王赐宝玉后又被宝玉转送黛玉未果的“鹡鸰香念珠”；同样是北静王所赠——赠给蒋玉菡的“茜香国女国王所贡之物”茜香罗汗巾；元春赏赐给宝玉宝钗的红麝香珠；

宝玉常用的红香枕，等等。

作为生活用品的陶熏炉，有一系列的香具。单从香炉来说，早在新石器末期就有诸如熏炉、卧炉、印香炉、多穴炉、提炉、柄炉、手炉等种类。第三回便有关于王夫人居室香具的描写，梅花式洋漆小几上有“文王鼎匙箸香盒”和插着时鲜花卉的“汝窑美人觚”等物。这里所写的“文王鼎匙箸香盒”是所谓的“炉瓶三事”，即一香炉一香盒一插着香箸香铲的小瓶，具有代表性的“炉瓶三事”在红楼梦中印象深刻，以致后来它是香事活动不可缺少的形式。

探春房中的大鼎，黛玉的潇湘馆有龙文鼎，贾母看到宝钗的蘅芜苑“雪洞一般”，便拿了自己几件来做装饰，其中就包括一墨烟冻石鼎。手炉也是日常用到的一种香炉，宝玉悄悄前去袭人家看望她时，袭人“向荷包内取出两个梅花香饼儿来，又将自己的手炉掀开焚上”，递与宝玉怀内。还有熏笼，有回写到黛玉、宝钗宝琴和邢岫烟四人“围坐在熏笼上叙家常”，而另一回袭人母亲病重回家探望时，夜里晴雯便是睡在熏笼上，可见熏笼的用处很多，用来烘烤和取暖，也可熏香、熏衣被。

那么说到这个“众香国”国度里用的都是哪些香方呢？话更长了！有人说是曹雪芹杜撰出来的香方，拿到现代也许可能，但是在那个年代却无法想象的，文中多次提到用“炉瓶三事”熏“御赐百合宫香”此百合并非我们现如今的百合花，也并非是用百合花制成的香，而是一种由多种香料，按照一定的配比调和在一起的熏香，“百”是指香料品类很多。从宋徽宗开始宫中就有了专门的“造香阁”，皇帝经常赐予香给大臣们。宫中调香用料奢华，常以名贵的沉香、檀香、麝香、龙涎、香油等制作和香，香气尊贵浓郁芳香持久。贾府的御赐百合宫香就是这么得来的吧。

第五回悟道：但闻一缕幽香，竟不知所焚何物。宝玉遂不禁相问，警幻冷笑道：“此香尘世中既无，尔何能知！此香乃系诸名山胜境内初生异卉之精，合各种宝林珠树之油所制，名为‘群芳髓’。”好炉配好香，氤氲的香气自精致的熏炉中袅袅而升，在这样一种意境中，人们不仅舒缓身心，而且可以暂时忘却浊世，去追求具象世界之外的意象世界。

《红楼梦》第七回中说道，宝钗患了一种病，是从娘胎里带来的一股热毒，犯时出现喘嗽等症状。一个和尚给宝钗说了个“海上仙方儿”，这种药就叫“冷香丸”。冷香丸配料表如下：

春天开的白牡丹花蕊十二两

夏天开的白荷花蕊十二两

秋天开的白芙蓉花蕊十二两

冬天开的白梅花蕊十二两

雨水这日的雨水十二钱

纵观《红楼梦》，其香描写之丰富，香的种类之繁多，实在是中国古典小说中前所未有的。

香物主要有：香囊、香袋儿、香沉香拐拄、旃檀香木佛像、檀香护身佛、香念珠、红麝串、香汗巾、香扇、香烛、红香枕。香品主要有：香油、香膏、香露、香粉、瓣香、香篆、斗香、盘香、香丸、梦甜香、十香返魂丹、百和香、十香散、藏香、引梦香、福寿香。

七十一回元春就以香木雕品及熏香为礼品、寿品，贾母八十大寿，元春送“金寿星一尊，沉香拐一只，茄楠珠一串，福寿香一盒，金锭一对”等物。红楼梦中有几位人物没有怎么提到用香，估计老太君就不喜欢，这福寿香就没有看到在书中在老太君的生活中出现几次。

香露，即花露，类似于现在的香水。不同之处是那古时的香露是可以饮用的。花露一词，最早指花上的露水。到了北宋末年“花露”已用来特指香露了。《香乘》载“后周显德五年，昆明国献蔷薇水15瓶，云得自西域，以之洒衣，衣敝而香不减。”宋朝时宋人利用蒸馏法从香花香草中提取香露，被广泛应用于当时名贵香品的配置中。入明以后，利用蒸馏技术提取香露的技术已被纯熟的掌握。清代，花露的蒸制、提取与应用是相当普遍的，《红楼梦》中也多次提及。

所谓藏香，乃西藏所制。其味浓厚，得沉、檀、芸、降之全。每届岁除，府第朱门，焚之彻夜，檐牙屋角，触鼻芬芳，真香中之富贵者也。林黛玉在写经时常焚藏香，《红楼梦》第八十八回，黛玉在写经时，丫鬟又拿起一子儿藏香道：“这是抄经时点着写的”。第八十九回中，黛玉清早起来，梳妆过后，便命丫鬟紫鹃点上藏香写经。

秦可卿将贾宝玉带入自己的卧室。刚至房门，便有一股细细的甜香，宝玉便觉眼饧骨软……秦可卿卧室香是引梦香，贾宝玉在香的诱惑下，朦胧进入了太虚幻境，开启了千古一梦，验证了曹雪芹所说的红楼梦的主旨就是梦和幻，而香就是梦幻的映射。

《红楼梦》第三十七回“秋爽斋偶结海棠社　蘅芜苑夜拟菊花题”中提到了梦甜香，原来这“梦甜香”只有三寸来长，有灯草粗细，以其易烬，故以此烬为限，如香烬未成便要罚。在第七十回“林黛玉重建桃花社　史湘云偶填柳絮词”中也描述了燃香计时的故事。众人凑齐后开始填词时，宝钗炷了一支梦甜香。很快黛玉、宝琴已填好词，探春着了急说：今儿这香怎么这么快，我才有了半首。宝玉也输了，宝玉见梦甜香已燃尽到时，情愿认输，便把笔搁下。读了探春写完的半首，反倒来了兴趣，提笔续写了下半首。

人之喜香，与生俱来，天性使然。《红楼梦》涉及如此多的香文化知识，有着如此多的香文化描写，打开《红楼梦》，小说中与香文化有关的那些故事情节也是引人入胜。香文化无疑是《红楼梦》中不可或缺的一部分。一部《红楼梦》，满书皆香，梦里有香、香中含梦、香气氤氲满红楼。

第九章

黄太史四香

黄太史说的就是大文豪黄庭坚，又名黄鲁直、黄山谷。他是北宋首屈一指的香学大师和制香大家。他自称自己为“香癖”，不仅爱香、咏香、制香，还熏陶出北宋另一位香学名家，那就是他的外甥洪刍，洪刍著有《香谱》。

《香谱》收集了众多与黄庭坚有关的香方，最有名的四帖香方是“黄太史四香”，也就是流传至今最有名气的意和香、意可香、深静香、小宗香。据考证，四香并非黄庭坚所作，但都和他有关联。意和香是贾天锡所作，他以意和香换得黄庭坚作诗十首。意可香初名叫“宜爱”，黄庭坚认为，此香特殊不凡，所以名为“意可香”。深静香是欧阳元老特别为黄庭坚做的。小宗香是时人仰慕宗茂深（宗炳之孙）之名而作的香，故称为“小宗香”。

香方故事：

意和香为黄太史四香之一。贾天锡作意和香，清丽闲远。至于如何“用心意和香”，玄机只有山谷道人知道，大概也是此香称为“意和”的原因吧！贾天锡用意和香换来的是十首小诗。十首诗体现了江西诗派开祖黄庭坚的文学、哲学和香道的造诣，十首香诗的内容如下：

其一

险心游万仞，躁欲生五兵。

隐几香一炷，灵台湛空明。

其二

昼食鸟窥台，宴坐日过砌。

俗氛无因来，烟霏作舆卫。

其三

石蜜化螺甲，榠樝煮水沉。

博山孤烟起，对此作森森。

其四

轮囷香事已，郁郁著书画。

谁能入吾室，脱汝世俗械。

其五

贾侯怀六韬，家有十二戟。

天资喜文事，如我有香癖。

其六

林花飞片片，香归衔泥燕。

闭阁和春风，还寻蔚宗传。

其七

公虚采苹宫，行乐在小寝。

香光当发闻，色败不可稔。

其八

床帷夜气馥，衣桁晚烟凝。

瓦沟鸣急雪，睡鸭照华灯。

其九

雉尾映鞭声，金炉拂太清。

班近闻香早，归来学得成。

其十

衣篝丽纨绮，有待乃芬芳。

当念真富贵，自薰知见香。

香方制作：

“意和香”：香方写出了主料为“沉香”“紫檀”，工艺是先将沉香切碎。取沉香55克，紫檀香35克，斫成骰子大，放在榠楂的滤液中浸泡；将紫檀弄碎，取茶末沃汤和均匀，再用竹纸包好蒸煮；甲香加胡麻膏来熬，熬到甲香变黄后放入热蜜水中洗，直到没有胡麻膏之味；四物就是以上所述的沉香、紫檀、螺甲、除青木香，三种修炼处理过的料，最后加入龙脑、麝香，以枣肉作为黏合剂，太阳下晒干。榠楂修制沉香和檀香改沉檀二性入心护神，紫檀可以祛邪镇静安神。道家用海螺壳辟邪，青木香安五脏。以意和，不拘质量，和香人用心感受香气在身体的走向。这是一款熏之镇惊安神，驱鬼辟邪的日用香。可以辅佐静坐。

胡麻膏：配方为胡麻油1000毫升，腊月猪脂1000毫升，乌鸡脂100毫升，丁香、甘松脂各60克，零陵香、川芎、竹叶、细辛、川椒、苜蓿香、莽草各75克，泽兰、大麻仁、桑白皮、辛夷、桑寄生、蔓荆子各40克，防风、杏仁、柏叶各110克。

制法：将上药切碎，用米醋浸一夜，过滤后取出诸药放入鹃脂、猪油中慢火煎熬，以白芷色焦黄为度，滤去渣滓，瓷器收盛。

制作过程：

第一步：准备香材原料。

第二步：将榠楂去皮切块后入臼臼碎，滤出汁水。

第三步：将沉香碎倒入榠楂汁水中，浸泡约一个小时后，再倒入热炉进行炒制。

第四步：将炒干后的沉香丝，倒入石臼中臼成粉。

第五步：制甲香。

第六步：茶末沃汤。

第七步：制紫檀碎。

第八步：将炮制好的沉香丝、紫檀碎、甲香和木香，分别磨成香粉。

第九步：将香粉倒入盘中。

第十步：倒入枣泥、麝香水和龙脑水。

第十一步：揉成香泥。

第十二步：制成小香片。

第十三步：入罐窖藏即可。

7

8

9

10

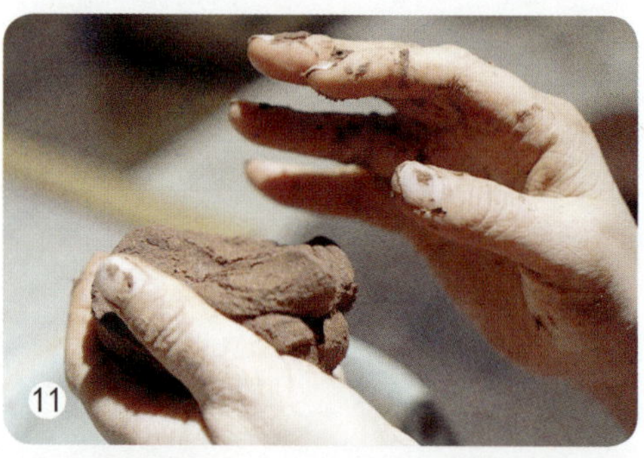
11

12

13
意和香

香方故事：

“意可香”：为黄太史四香之二。据传为宋人陈敬所著的《陈氏香谱》记载，意可香，传说这是南唐宫廷中流行的一款妙品，当时一位名字带“宜”的美人特别欣赏它，于是此香得名“宜爱”。之后香方辗转流传，最终由一位“历阳公”得到，“历阳公”又将其传给“东溪老”，黄庭坚正是从东溪老获得了此一香品的配料表与制作流程。山谷居士认为这款香“殊不凡”，便为其取个更富禅意的名称“意可”。

香方制作：

“意可香”释：香方写出了，海南沉水香105克，燃烧不会如木柴一样烟气重。麝香檀35克，又叫麝檀香，就是西山的桦树根；燃烧熏的气味像煎香，煎香就是栈香。有人说云衡山也有这种香，只不过品质不如海南产的（《琐碎录》）。这种树根已经无法考证，本香方改成了类似它的栈香。木香14克不用修制，炙甘草7克，焰硝3.5克，甲香0.35克,用油炒至黄色，入蜜，再用温水洗净蜜。这里的婆律膏其实是龙脑油，难觅，用龙脑替代了，麝香少许，香好了慢慢加入。香粉备好，用175克白蜜提炼蜜，来和香粉，做成香片后装入瓷罐保存。

制作过程：

第一步：准备香材原料。

第二步：制甲香。

第三步：将沉香、玄参、炙甘草、木香、麝香檀分别制粉。

第四步：将所有的香粉倒入盘中。

第五步：倒入焰硝水、龙脑水、麝香水、炼蜜。

第六步：揉成香泥。

第七步：制成小香片。

第八步：入罐窖藏即可。

深静香

香方故事：

“右荆州欧阳元老为予处此香，而以一斤许赠别。元老者，其从师也，能受匠石之斤；其为吏也，不坐剉庖丁之刃，天下可人也此香恬淡寂寞，非世所尚，时时下帷一炷，如见其人。”深静香，黄太史四香之三，其香方以海南沉香为主，最能彰显海南沉香的清婉特征。深静香是欧阳元老特别为黄庭坚所制。元老个性亲近山水，恬淡自怡，当黄庭坚燃深静香炷时，元老却如就在眼前。真的是香如其人，恬淡寂寞。想来是欧阳元老针对黄庭坚身体状况而和的香。黄庭坚因被贬黔州，五十多岁的年龄被贬的经历，千辛万苦的流浪生涯使他晚年多病。

香方制作：

“深静香”释：海南沉水香70克，羊胫炭140克，沉水香剉成小颗粒，入白蜜炖煮2小时，炭臼碎筛细粉末，用煮好的蜜拌匀窨藏起来，少许龙脑代替婆律膏，麝香少许，安息香0.35克，做成饼熏。

这个香方也详细列出了制作主料及其工艺，内中有“入白蜜五两”，也是一款熏香。其中比较特别的是“羊胫炭四两”之料。羊胫炭并非香料，而是中药材，有入脾调肾的作用，这也说明了人们对香的使用，不仅在于其芳香养鼻，也注重其养神养生的效果。

制作过程：

第一步：准备香材原料。

第二步：用锉刀将沉香切颗粒状。

第三步：制沉香碎。

第四步：将金颜香、炭粉、制好的沉香碎分别磨粉后，倒入盘中。

第五步：倒入炼蜜、麝香水、龙脑水。

第六步：揉成香泥。

第七步：制成小香丸。

第八步：小香丸入罐，窖藏即可。

小宗香

香方故事：

“小宗香”为黄太史四香之四。黄庭坚心慕南朝宗少文，即南朝宋时，中国山水画理论奠基者宗炳。宗炳为大宗，宗茂深为小宗。为投宗茂深“喜闭阁焚香”之爱好，所制作小宗香，有特殊之处。这个香方的主料是“沉香”，其中的“栈香”也是沉香，只是稍次。辅料中有榅桲梨、青枣，使该香有一种淡淡的水果香。

香方制作：

“小宗香”释：沉水香35克，栈香17.5克，紫檀70克，在银器中炒变紫色，三物如锯屑，苏合油7克，甲香3.5克，研磨成粉末，麝香少许，玄参2.5克，榅桲两枚取汁，枣煮汤同梨汁浸沉栈檀煮一个小时，小火炒干，和四物加炼蜜拌匀，装瓷盒窨一个月。

制作过程：

第一步：准备香材原料。

第二步：制榅桲。

第三步：将栈香与紫檀碎，一同倒入砂锅中。

第四步：倒入榅桲汁。

第五步：煮制一个小时。

第六步：滤出水分。

第七步：文火炒干。

第八步：将甲香、玄参、炒干的紫檀碎分别制成香粉倒入盘中。

第九步：倒入红枣汤、麝香水、炼蜜。

第十步：揉成香泥。

第十一步：制成小香片。

第十二步：小香片入罐窖藏即可。

5

6

7

8

9

10

11

12

斜倚薰笼图

斜倚薰笼坐到明。

过去的贵族，身上一定要带有香气。他们让身上生香的方法有很多种，其中很重要的便是熏衣。

三国到南北朝那些贵族的墓里都有成套熏衣器具的殉葬品，那时就有专门熏衣的器具了，他们不是简单把衣服挂于香炉上熏，而是用一个大香盘，香盘中盛水，盘中放焚好香饼或香丸的小香炉，然后有一个竹编或藤编的熏笼，把衣服再覆盖笼上。在初唐的《千金方》中，还有其他古籍中都记载了熏衣过程，熏衣香方：以微火烧之，以盆水内笼下，以杀火气，不尔，必有焦气也。《洪氏香谱》熏香法：凡熏衣，以沸汤一大瓯置熏笼下，以所熏衣服覆之，令润气通彻，贵香入衣也，然后于汤炉中烧香饼子一枚……置香在上熏衣，常令烟所得熏讫叠衣，隔宿衣之，数日不散。《陈氏香谱》：用深中者，以沸汤泻中，令其蓊郁，然后置炉其上，使香易著物。熏衣成为古人那时的日常生活的一部分，在他们的家里永远有一间居室是用来熏衣服的。

还有很多古诗词是描写熏衣的情景，唐代元稹的《白衣裳》：藕丝衫子柳花裙，空着沉香慢火熏，闭倚屏风笑周昉，枉抛心力画朝云。男人熏衣女人更是熏衣，还有专门在一间房里为皇帝熏衣的宫女，花蕊夫人的《宫词》：宫女薰香进御

衣，殿门开锁请金匙，朝阳初上黄金屋，禁掖春深昼漏迟。白居易的《后宫词》：泪湿罗巾梦不成，夜深前殿按歌声。红颜未老恩先断，斜倚熏笼坐到明。从白居易两句词里看到了明代画家陈洪绶的《斜倚熏笼图》，画中一女子在宽大的矮榻上斜倚熏笼而卧，竹笼下藏一鸳鸯香炉，似乎散发着悠悠香气，熏染着她的衣服，坐待天明，君王的宠幸终成泡影。

熏笼自古有之。东晋《东宫旧事》记载，“太子纳妃有熏衣笼，当亦秦汉制”。显然，汉代已经有竹笼熏衣的做法了。长夜熏香，绝不是孤寂落寞的代名词，相反，由香入窍，香使人们成为更健康更愉悦的自己，无论我们生在哪一个时代，都可以用香开启智慧人生。在古人如此爱熏衣的情况下，配套的熏衣香方也因此而诞生。

第十章 熏佩和香

荀令十里香

香方故事：

据说此香是曹操手下的功臣荀彧所制，香方在历史长河里流传。

荀彧，东汉末年政治家、战略家，曹操统一北方的首席谋臣和功臣。“荀令十里香”香方简洁，小茴香特别讲究，古书记载，小茴香的使用和炮制：“其茴香生则不香、过炒则焦气、多则药气、减太少则不类花香，逐旋斟添，使旖旎。”

香方制作：

丁香6克，檀香13.75克，甘松13.75克，零陵香13.75克，生龙脑少许，茴香17克略炒。研为末，薄纸贴，纱囊盛佩之。这里重点是各香料的炮制，小茴香用盐水浸泡，檀香用好茶浸泡，丁香茴香小炒。我的经验是，炒制用铜锅为宜，铜锅受热更均匀，一次炒的量不要太大。小火、少量、勤翻，锅底薄薄一层，不停翻搅，待锅内小茴香发出“啪啪”炸裂的声音，少数已经变黄，最重要的是，开始闻到茴香的特异香气，就可起锅了。

“荀令十里香”是熏佩香中最为出名的一款香，熏时药香淡雅，不会过强；佩戴时自有风骨，衣带留香。此外，荀令十里香还可增加免疫力，预防呼吸道感染。

制作过程：

第一步：准备香材原料。

第二步：炒制丁香和茴香。

第三步：将炒制好的茴香、丁香和檀香、甘松、零陵香、龙脑制为香粉，倒入杯中。

第四步：按照克重将香粉装入小袋后，扎紧袋口。

第五步：将装入香粉的小袋，放入香囊中。

第六步：扎紧香囊扣佩戴即可。

南阳公主熏衣香

香方故事：

南阳公主是隋朝时期的公主，隋炀帝愍皇后萧氏之女，姿态容貌姣好的公主深得隋炀帝钟爱，南阳公主伴驾巡游全国，江都之变皇室男性全遭遇杀戮，公主气度从容，立报仇复国之志，后来，遁入空门出家福庆寺。后人为了纪念修建南阳公主祠，光绪皇帝敕封她“慈佑菩萨”。我想，南阳公主熏衣香也是因为这位豪情壮志的皇帝女儿而得名吧？

此香方配料以蜘蛛香为主，辅以白芷零陵香和砂仁。香气辛腐而幽冥，始闻怪异，久闻舒心。据“南阳公主熏衣香”的相关记载，这款香闻之“有女子绮丽之感”，整体香调偏明朗欢快，层次丰富，颇有皇室公主豆蔻年华、天真娇蛮的感觉，受到不少古代女子的追捧。

香方制作：

蜘蛛香14克，白芷6克，零陵香6克，砂仁6克，丁香15克，麝香2克，当归5克，豆蔻5克。研磨成粗粉，混合均匀，装入香囊，佩戴熏衣。

“清晨开卷坐幽窗，深注炉烟一缕香”，古人的一天，在香气氤氲中开启。“锦帐添香睡，金炉换夕薰”，古人的一天，也伴着清香结束。他们日常用香也有一套体

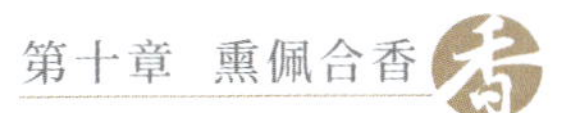

系，比如说在《香乘》和《陈氏香谱》中就有专门熏衣的香方。

制作过程：

第一步：准备香材原料。

第二步：将所有的香材制成香粉后，倒入盘中。

第三步：混合后装入小袋。

第四步：将小袋装入香囊。

第五步：扎紧香囊口随身佩戴即可。

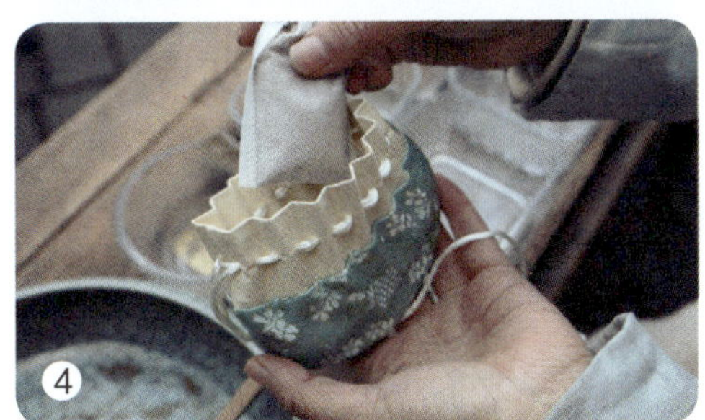

香方故事：

《香乘》卷十九熏佩之香中有款“莲蕊衣香”，莲蕊的重要特点是收敛收涩，中医认为有固肾泄精的作用。我分析了方子中的其他香料，主要是辅佐整个香方的功能和香味。莲蕊本来量少味淡，作为香囊来说莲蕊衣香配伍就扬长避短了，发挥了花香的真实味道，仿佛闻到了刚从池塘中采莲归来少女身体的芬芳。

香方制作：

莲蕊3.5克研磨，零陵香17.5克，甘松14克，藿香10.5克，檀香10.5克，丁香10.5克，茴香0.7克，微炒，白梅肉1.05克，龙脑少许，研磨成细粉，入龙脑拌匀，薄袋装入香囊即可。

制作过程：

第一步：准备香材原料。

第二步：将所有香材放入碾子中碾磨成香粉。

第三步：将所有香粉倒入盘中。

第四步：将香粉充分混合在一起。

第五步：混合后香粉，装入小袋中。

第六步：将小袋装入香囊。

第七步：扎紧香囊口，随身佩戴即可。

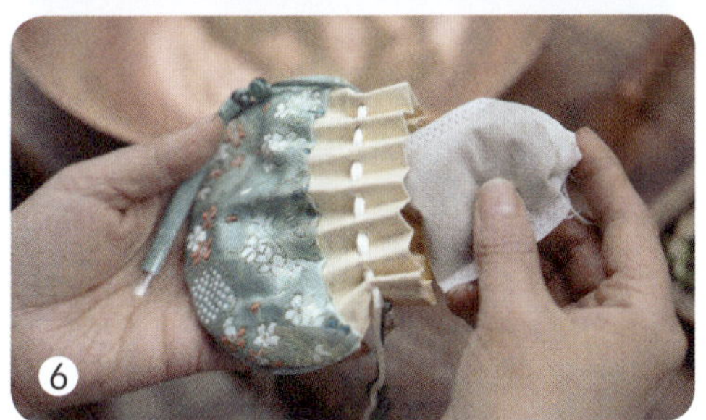

蔷薇衣香

香方故事：

《香乘》卷十九的熏佩之香顾名思义就是把香佩戴在身上，来熏染衣物，除菌消毒，芳香避讳。蔷薇衣香是古人用蔷薇花做香材吗？

蔷薇的盛开，是给还在依恋着春意的人们，捧出的最后一缕馨香，也是将春天与夏天做了一个最美丽的衔接。古香方中真有蔷薇花的不叫蔷薇香，反而叫酴醾香，此香无一点蔷薇花，却被称作“蔷薇衣香”。兜兜转转究竟怎么回事？

香方制作：

准备茅香13.9克，丁香13.9克，零陵香13.9克，白芷6克，细辛6克，白檀6克，茴香1克，细辛6克，小火微炒丁香和茴香，使香料香气发散，防止炒焦，再将所有香料磨碎，装入小香囊中，或熏笼熏衣。

古人对花香的模拟也是他们意境的含蓄意象，这就是中国和香的美妙，由此可见，能够沉下心来揣摩花的香，不是一般人能做得到吧！

制作过程：

第一步：准备香材原料。

第二步：将所有的香粉研磨成香粉倒入盘中。

第三步：混合香粉。

第四步：装入小袋。

第五步：小袋子扎紧后，装入香囊。

第六步：香囊扎紧，随身佩戴即可。

梅萼衣香

香方故事：

“国色天香，乃牡丹之富贵，冰肌玉骨，乃梅萼之清奇”。大文豪苏东坡写过有关花蕊夫人的一首词，词中有一句：“冰肌玉骨，自清凉无汗。水殿风来暗香满。”这首词描写了五代十国皇帝孟昶和他的宠妃花蕊夫人在夏夜纳凉的情景，又着意刻画了花蕊夫人的姿色和心灵的美好。后来的文人雅士就借用这句“冰肌玉骨，乃梅萼之清奇”表现梅花不畏严寒的品格。古人总是喜欢把女子比作各种花，世间纵有百媚千红，唯爱那傲骨之梅香。因此“梅萼衣香”中加入了含蕊未开的带萼梅花，形容了此香方清逸幽雅，淡淡清幽气质正如她的“暗香满”吧。

香方制作：

等候梅花盛开，寻一个晴朗天气在黄昏的时候前去择未开含蕊的梅花，以红线系定，至清晨日出时，连梅萼摘下。丁香10克，零陵香5克，檀香5克，茴香1.5克，木香1.5克，甘松8克，白芷8克，脑麝少许，捣碎同拌阴干，用纱袋贮装香囊佩之，旖旎可爱便于随身携带。香味浓郁而清透，没有杂质，艳而不俗，对照前文的意境会使人感到幽香彻骨！神清气爽一整天。

制作过程：

第一步：准备香材原料。

第二步：将所有的香材研磨成香粉。

第三步：将所有的香粉倒入盘中后充分混合至均匀。

第四步：将香粉装入小袋中。

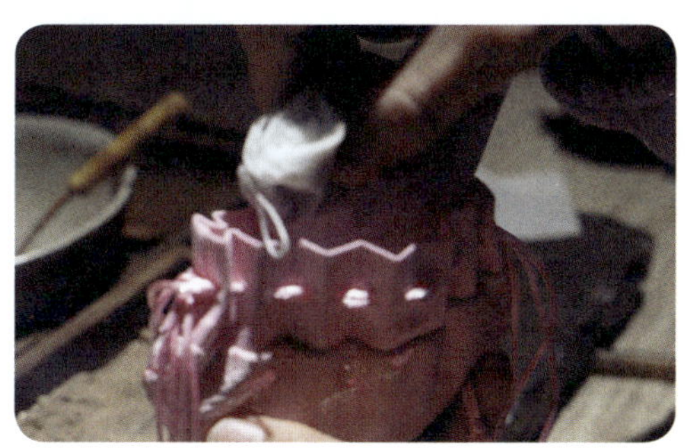

第五步：将小袋扎紧后装入香囊。

第六步：扎紧香囊后随身佩戴即可。

贵人浥汗香

香方故事：

贵人浥汗香引自《宣武盛事》，是古人常用来去汗除臭的香身方之一。“贵妃每至夏月，常衣轻绡，使侍儿交扇鼓风，犹不解其热。每有汗出，红腻而多香。或试之于巾帕之上，其色如桃红也。”对于贵妃身上的迷人香气历来有许多传说，美人的汗都是粉红色的，因其体态丰腴婀娜，更善舞蹈，常常是大汗淋漓，身上更是有难闻的狐臭。为了掩盖这一缺陷，贵妃便极爱沐浴用香，久而久之，身上也沾染异香。红色汗渍可能就是香粉和汗水混合色。虽然治标不治本，但最常用的方法便是用香气掩盖臭味，而古人最常用掩盖汗味增加体香的香方便是——贵人浥汗香。

香方制作：

丁香50克研成粗末，川椒60粒。将以上两味原料混合，用绢袋盛放，佩戴在身，可除汗气。此香香材简单，香味以丁香为主，香气酸甜，研磨前甜气大增而酸味川椒气味辛香发散，驱动香气更加纯烈。夏天用此香方建议适度放少许龙脑，会有凉意阵阵袭来。

制作过程：

第一步：准备香材原料。

第二步：将川椒与丁香磨粉混合在一起。

第三步：将香粉装入小袋中。

第四步：小袋扎紧后装入香囊。

第五步：扎紧香囊口，随身佩戴即可。

芙蕖衣香

香方故事：

芙蕖，是莲花的古称，其香味深入人心，古人制香时，自然少不了对莲香的执念。古时的人们有种古法香方叫“芙蕖衣香”，就是把香放进手帕中，用来随身佩戴，出汗时会闻到新盛开的荷花的味道，愈汗愈香。在文人的笔下，芙蕖又是脱俗的花中隐士，荷花的香气是夏日香气的代表，闻荷花香还能祛暑气，美学家李渔的《芙蕖》中描写在荷花香气中避暑，暑气因它而减，在荷花香气中乘凉，凉气随它而生。为了留住荷香，古人和香模拟荷花的香气，在《陈氏香谱》中有详细记载，芙蕖衣香完全不用荷花的材料。

香方制作：

丁香50克，檀香50克，甘松50克，零陵香30克，牡丹皮30克，茴香1克，将以上原料研成粉末，加入少许麝香，研磨均匀，用薄纸蘸取，用新手帕包裹，贴近肌肤。或装入香囊随身佩戴。

香气宛如刚刚绽放的莲花。使用时再加入麝香、龙脑各少许，香气更佳，不可用火熏香，夏日身体出汗，温度湿度使得香气散发，气息更香。甘松和零陵香古时用于浴后香身，檀香气息沉稳，牡丹皮清热凉血。合和的香料，香气幽雅芬芳，气息宁静，寒香清雅，能够助人驱除因暑热而生的烦躁。

制作过程：

第一步：准备香材原料。

第二步：将所有的香粉磨粉后倒入盘中。

第三步：将香粉充分搅混，再装入小袋。

第四步：小袋扎紧袋口，放入香囊中。

第五步：扎紧香囊口后，随身佩戴香囊即可。

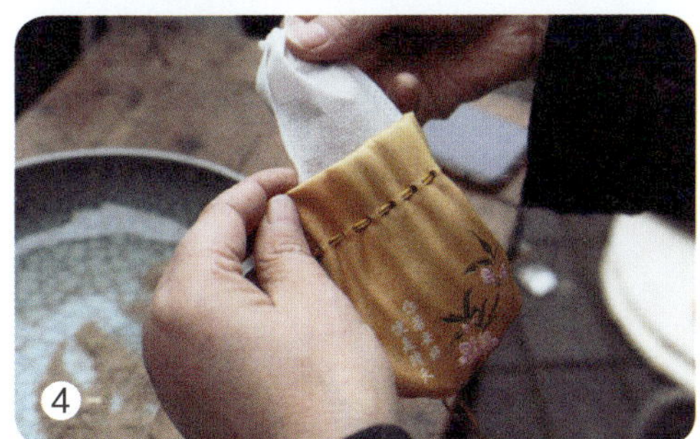

牡丹衣香

香方故事：

唐玄宗与杨贵妃在沉香亭前赏牡丹，召李白赋诗助兴。李白将牡丹与杨贵妃相比拟，花与人融为一体，写下了“云想衣裳花想容”“名花倾国两相欢”这样脍炙人口的诗句。

想当年的国色天香就是这么从诗人的口中脱口而出吧！唐·李正封《牡丹诗》：“国色朝酣酒，天香夜染衣。丹景春醉容，明月问归期。”白天牡丹美丽的颜色如美人醉酒，夜晚牡丹浓郁的花香浸满衣衫。一轮红日将整个春色皆映照如醉，皎洁明月升起好似在问我何时回家。这天上人间的美景美意，不知是花醉了人，还是人醉醒了花。

《陈氏香谱》记载了一款“牡丹衣香”。顾名思义，衣香就是熏衣服的香，在古代女子没有香水就是用熏衣香来佩戴，或熏笼或洗衣服，这就是古代女子自带体香的缘故。牡丹被誉为花中之王自有它的理由，牡丹衣香，旖旎馥郁牡丹的芳香在袖间浮动，仿佛那位大唐女子怀揣袖炉，步伐轻盈，雍容华贵，气度非凡。花、人、香融合一体，这才是古人传续给今人最美的风景。

香方制作：

丁香、牡丹皮、甘松各50克，同时研磨成粉；龙脑、麝香各5克，单独研磨。以上原料一同调和，用花叶纸沾取香末，或用新绢袋贴身佩戴，香气如牡丹。

制作过程：

第一步：准备香材原料。

第二步：将香材研磨成香粉后倒入盘子中。

第三步：将香粉充分混合均匀后装入小袋。

第四步：将小袋放入香囊中。

第五步：扎紧香囊口后，随身佩戴香囊即可。

①

②

③

④

⑤

蔷薇水与中国

在明代周嘉胄的《香乘》中见到很多香方里面有蔷薇水的配方，如“江南李主帐中香”“李主花浸沉”“亚里木吃兰脾龙涎香”。在没有深入了解的情况下以为就是一个小小的配方而已，其实，蔷薇水是一种花露，它的文章可大了，甚至可以说是中国古代最初的对外文化交流和香料贸易的缩影。

芳香沁人的蔷薇水用石蜡密封在琉璃瓶中，经过千山万水，由大食商人带到中国，南宋《百宝总珍集》中写到蔷薇水：“泉客贩到蔷薇露，琉璃瓶贮喷鼻香。”

蔷薇水芬馥异常，就算装在密封的饼子中，其香味还是能传得很远。

这个花露是由海商从阿拉伯贩运到南亚和南海诸岛，作为高级的香水使用。南宋朝廷有特许留在中国的外商，从事两国贸易，他们的生活优越到能和皇帝比奢华，在挥金如土般的生活中经常食用蔷薇水，可见，蔷薇水在当时贵族中的价值。孟加拉苏丹国国王以蔷薇水来宴飨中国使者。

唐高宗李治永徽二年（651年），阿拉伯第三任正统哈里发奥斯曼正式遣使长安，开启了中阿商贸交易、政治互信、文化交流的黄金时代。至贞元十四年（798年）的148年间，阿拉伯遣使来华达40次之多。蔷薇水也随着入华，蔷薇水入华后不仅被用来香身清洁肌肤，还被赋予宗教色彩，《云仙杂记》中记载：柳宗元得韩愈所寄诗，先以蔷薇露盥手，薰玉蕤香，后发读。曰“大雅之文，正当如是”。

宋代，海上丝绸之路成就西域，南亚和南海诸岛的香料大量转入内地，宋代文人

雅士占社会主流，用香风行一时，宋人崇香使得多种香料通过民间贸易涌入中国，其中就有蔷薇水，在宋代也开始有人用蒸馏法提取蔷薇水，但是正宗的蔷薇花内地尚没有。《香乘》中记述正宗的蔷薇水制作原料为“异域蔷薇”，原料的缺失使得老百姓只好选取其他香料来替代。南宋蔡绦《铁围山丛谈》载：五羊效外国造香，则不能得蔷薇，第取素馨，茉莉为之。《香乘》中载：蔷薇露一名“大食水”，本土人每晓起，以爪甲于花上取灵一滴，置于耳轮中，则口眼耳鼻皆有香气，终日不散。这里的蔷薇说的是域外品种，花头比较大，不是我们暮春山野路边的小白色花。贵族上层也没有几人用得上蔷薇水，老百姓只能望尘莫及，供不应求的市场开始有人造假，香文化开始慢慢有了下滑的迹象。

元代，因海陆丝绸之路完全打开，蔷薇水入华的渠道多了起来，元代文人大量咏诗蔷薇水，元人胡奎有吟：“一洗胸中万斛尘，挥毫濯以蔷薇水。”其中最具特色的吕诚那句“不妨更渍蔷薇水，润我谈玄舌本干”。

明代，全民对香料的喜好激增，大量蔷薇水漂洋过海来中国。明初中国与东南亚的海上贸易多为香料，国库中堆积了大量香料，于是皇室下令发放到民间。明后期海禁放开香料更是络绎不绝，明清蔷薇水已经开始在寻常百姓生活中使用。蔷薇水来到中国，给这片土地上多了一种异域的香气！

第十一章

熏佩之软香

软香是南宋时期的香佩之一。据记载是宣和年间创造出来的新品熏佩香，古人用来当作玩具，护手霜。软香质地柔软，可随意捏成各种形状，在宋代非常流行，是高档奢侈的用香方式。软香用途多样，既能当作佩饰香身熏衣，还可当作扇坠使用。《香乘》中写道:可怀可佩，置扇柄把握极佳。软香过手留香，持久不易挥发，据传它的香气能够保存很长一段时间。

《武林旧事》里便提到，节日当天，皇帝会赏赐后妃及其身边宫人、大太监们香囊、香坠子以及软香。不过，软香并不局限于宫廷，民间也普遍佩用。“软香温玉”古人把软香和玉相提并论，来形容女子肌肤的细腻与芳香。宋人陈敬所撰的《陈氏香谱》中就记载了十三款软香的配料与制作方法。据传可驱虫、杀菌，能够防止感染流行性瘟疫等病。

软香（武）

香方制作：

准备沉香50克，金颜香10克，龙脑1克，苏合油20克。先将沉香和苏合油揉成团，再加入龙脑、金颜香。因为，这个方子做的是香牌挂饰，还是偏向硬度，所以就多加金颜香的比例，如果香方需要软就多加苏合油。

制作过程：

第一步：准备香材原料。

第二步：将金颜香、沉香一同入臼臼粉后倒入碗中。

第三步：在香粉中加入苏合油、茶水。

第四步：揉成香泥后，加入龙脑粉。

第五步：将香泥放入石臼中，更杵千下用。

第六步：制成香牌。

第七步：制成的香牌，随身佩戴即可。

软香（沈）

香方制作：

选料丁香37克，沉香37克，白檀60克，金颜香60克，蜂蜡60克，山奈60克，心红60克，龙脑15克，苏合油麻油不计多少，白胶香100克。白胶香砂锅煮，浮上药物再用皂角水煮，先将蜂蜡在铜炉中和苏合油，麻油，融化成软香基础油，放凉至50摄氏度左右，再次第加入众香粉、朱砂红，可怀可佩，放在扇把随手捏玩，软软弹性，旖旎可爱。

制作过程：

第一步：准备香材原料。

第二步：制蜂蜡。

第三步：制白胶香。

第四步：将丁香、檀香、山奈、金颜香、檀香、龙脑分别磨粉倒入盘中。

第五步：香粉混合后加入朱砂。

第六步：加入蜂蜡。

第七步：加入熬制的白胶香。

第八步：揉成香泥。

第九步：制成小香片。

第十步：将小香片放入挂式香囊中。

第十一步：香囊随身佩戴即可。

第十二步：挂于把件即可。

宝梵院主软香

香方制作：

软香的工艺最难在于基底的调配，沉香50克，金颜香15克，龙脑12克，麝香10克，苏合油150克，黄蜡50克，研成细末。苏合油与蜡重汤溶和，捣诸香，入脑子，更杵千下用。这个地方提醒一下，适度加入一点天然压榨油，可增加润泽护肤的效果。

制作过程：

第一步：准备香材原料。

第二步：炼制蜂蜡。

第三步：将金颜香、沉香、龙脑、研磨细粉后，倒入碗中混合。

第四步：倒入少许麝香水、倒入蜂蜡。

第五步：揉成香泥。

第六步：搓成小香丸。

第七步：小香丸放入挂佩式香囊。

第八步：香囊随身佩戴即可。

第十二章

涂傅之香

傅身香粉（洪）

香方故事：

古代女子洗浴过后没有护肤产品，会用“傅身香粉”来擦遍身体，达到全身保养的效果。唐宋时代，女性夏季使用的防汗祛味的爽身香粉中常添加胭脂，心红等材料使之微呈粉红，接近人体的自然肤色。遍身擦了微红的香粉，淡粉色的肌肤从轻纱的衫袖中隐约透映出来，显得格外有诱惑力。

“忆得双文衫子薄，钿头云映退红酥”（唐·元稹《杂忆》）。这样的人一旦出汗，那汗不仅发香气，而且略带红色，会染红轻纱的夏裳。

伊人用粉扑沾着粉红的香粉，向身上扑粉，自然的，把粉扑也染成了红色，这一细节，也被男性诗人们看在眼里，记在心上“朱唇素指匀，粉汗红绵扑”（唐·白居易《和梦游春诗一百韵》）。古代还有许多女性使用傅身香粉来保养身体。这种美容方法不仅展现了个人的审美品位，也代表了当时社会的文化与习俗。在现代社会中，尽管我们有了更为先进的美容产品和技术，但傅身香粉却为我们提供了一种回归自然、追求内在美的方式。它所蕴含的天然成分和传统工艺，不仅让人们感受到历史的厚重感，更提醒着人们关注自然与健康的美丽之道。

香方制作：

肉粉色英粉50克，青木香50克，麻黄根50克，附子10克，甘松30克，藿香50克，零陵香50克，除英粉外，其他材料研末。坚持以香粉擦身，不仅让皮肤光洁白皙，而且让香气一点点地逐渐渗入肌肤之内,使人的身体自然地蕴含芳香。

制作过程：

第一步：准备香材原料。

第二步：将木香、麻黄根、附子、甘松、藿香、零陵香研磨成粉后倒入碗中。

第三步：将香粉混合。

第四步：将混合后的香粉入罐储藏。

①

②

③

④

香方故事：

《食疗本草》中记载过一个香方叫“香身丸”，《香乘》中也记载了“香身丸”：噙化一丸，常觉口香，5日身香，10日衣香，20日他人皆得闻香也。让人不由想起来《还珠格格》中的香妃来，香妃自带体香，引来蝴蝶围着她一起翩翩起舞。香妃是新疆喀什人，因体有奇香迷住了乾隆皇帝，被封为“香妃”，恩宠经久不衰，整整在北京皇宫中度过了28个春秋，一个异域美女的体香竟然迷住了一个盛世明君。“香身丸”不仅能遍身炽气，恶气及口齿气，让人吐气如兰，身体散发出来清雅药香和花香。

丁香香气芬芳浓烈，藿香、甘松可化湿醒脾，零陵香去臭恶气，香附子行气解郁，白芷解表散寒，当归润肠通便，桂心内治五内邪热，槟榔杀虫消积，益智仁温脾止泻，麝香活血通经，白豆蔻仁化食消痞，蜂蜜芳香，调补脾胃。

香方制作：

丁香50克，藿香、零陵香、甘松、香附子、白芷、当归、桂心、槟榔、益智仁各30克，麝香少许，白豆蔻60克，都研磨成细粉，炼蜜和匀搓成黄豆大小丸，含一粒，口中顿觉甜丝丝的带有药香，有那种让人内心充满希望的味道！我想自从这个香身丸做出来，以后不怕面对别人说话了，自信满满的。

制作过程：

第一步：准备香材原料。

第二步：将所有的原料磨粉后倒入盘中。

第三步：混合后倒入炼蜜、麝香水。

第四步：揉成香泥后放入臼中杵千下。

第五步：制成小香丸。

第六步：入罐窖藏即可。

八白香

香方故事：

《香乘》中的八白香，出自金朝，金章宗时期，是供宫中女子所用的洗面散。最早出现在元朝，《卫生宝鉴》一书中，在明朝的《鲁府禁方》和《必用全书》中也有收录。关于八白散还有一个凄惨的故事，金熙宗恢复了活人殉葬制度，规定没有生过孩子的嫔妃要随帝王下葬，那些宫女为了得到皇帝的宠幸改变命运，于是各种秘方在女真宫廷中流行，八白散就是其中之一，到了南宋宋孝宗派往全国的使臣魏杞，将皮肤白皙的宫女带回大宋，八白散也被带到南宋了，元朝在许国桢编撰的《御药院方》中八白散改进创造了御前洗面奶，清朝御医李德昌王永降又在八白散的基础上为慈禧太后发明了玉容散。

香方制作：

八白散以八种名字带白的天然香材组成，白丁香50克、白僵蚕50克、白附子10克、白牵牛50、白茯苓10、白蒺藜50、白芷50克、白芨50克。炮制后研成粉，等比例混合，皂角去皮研末，加入总重量一半的绿豆粉均匀和合而成，使用时加清水或蜂蜜调和成糊，敷于皮肤上，书中记载经常用可使皮肤光洁如玉。晚上睡觉前迫不及待地搅拌成糊状敷在脸上，停留15分钟再用温水洗净，有种从未有过的感觉，“香”见恨晚！

制作过程：

第一步：准备香材原料。

第二步：皂角去皮。

第三步：将所有的香材原料，一起倒入碾子中碾粉。

第四步：将碾磨后的香粉倒筛网中，筛出细粉。

第五步：将去皮绿豆入臼，臼细粉。

第六步：将香粉倒入碗中取适量绿豆粉混合。

第七步：取混合好的香粉倒入杯子中，加少量水。

第八步：搅成糊状即可使用。

第九步：可涂至皮肤表面。

第十步：制成的香粉，可入罐储藏。

1

2

3

4

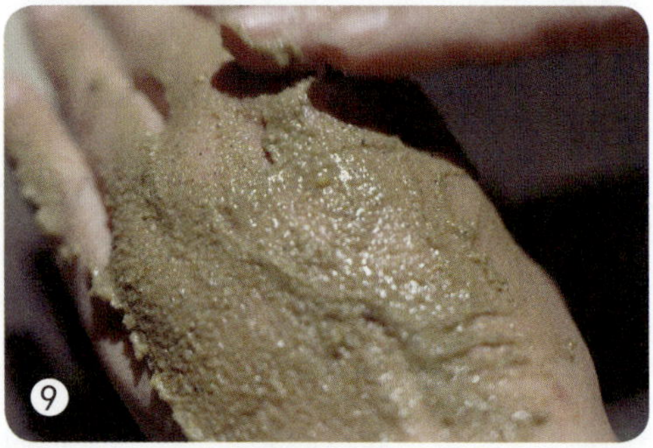

香方故事：

莲香散在古代是一种香料，在佛教中象征着神圣高洁，是一种神秘的香方名称，具有杀菌消炎溶血的作用。莲香散又名金主宫中香，是金朝第六位皇帝金章宗完颜璟研制而成的一种能把脚变香的粉，香方故事中说："闺阁中以之敷足，久则香入肤骨，虽足纨常经洗濯，香气不散。"大概意思是洗完脚后，把莲香散擦脚上，经常用香气会进入肌肤和骨骼里，连同脚布都会有洗也洗不掉的香。

香方制作：

黄丹9克，丁香9克，枯矾9克，都研磨成细粉，混合均匀装入瓷罐。洗完脚就像涂痱子粉一样涂敷。香气持久，清新脱俗，什么脚气脚痒都不再困扰，这个也许就是古人足疗的学问吧。

制作过程：

第一步：准备香材原料。

第二步：将丁香粉倒入枯矾中。

第三步：倒入黄丹。

第四步：充分混合香粉。

第五步：混合好的香粉装入瓷罐。

第六步：封盖储藏即可。

面脂香

香方故事：

古代女子如何做到让自己手如柔荑，肤如凝脂的呢？李白描写杨贵妃“一枝红艳露凝霜，云雨巫山枉断肠”，美人的养颜秘方可能就是以油养肤，用牛髓或牛脂做的面脂香就是其中的奥秘了。在香学著作《香乘》中专门有“涂傅之香”，收录了面脂香，是最早的化妆品了，最早的面脂由动物油脂制成。到了唐代，面脂中的成分除了动物油脂外，还添加了许多外来的香料，不仅气味芳香可人，更重要的是每一种香料都有特定的养肤护肤功效。普通的女子用的面霜中的香料，基本就是由青木香、甘松香、丁香、藿香等组成的面霜，而皇宫贵族的则会在其中添加更为名贵的香料，比如龙脑香以及麝香。

香方制作：

取60克牛髓备用，丁香30克，藿香30克，同清酒浸泡一夜，用透明玻璃杯加热放入浸香酒少许，和牛髓油慢慢煎，再放入浸泡后的丁香藿香慢煎，直到牛髓油和香酒混合油变得清亮起来，滤去渣，得到清澈的牛髓油浸香。做面脂润肤就放蜂蜡少许，搅拌浓化成膏体，做唇脂的话再加入唇脂粉着色。

制作过程：

第一步：准备香材原料。

第二步：清洗牛大骨，去除血渍。

第三步：挖出大骨骨髓。

第四步：将藿香和丁香倒入袋中。

第五步：加入高度酒浸泡一天一夜。

第六步：将浸泡的白酒倒入壶中。

第七步：加热白酒后将骨髓放入。

第八步：煮至骨髓溶化。

第九步：倒入蜂蜡。

第十步：蜂蜡煮至融化后，倒入瓷罐中。

第十一步：将瓷罐放置户外待其凝固。

第十二步：凝固后即可制成。

第十三步：凝固后的面脂香可涂于肌肤。

①

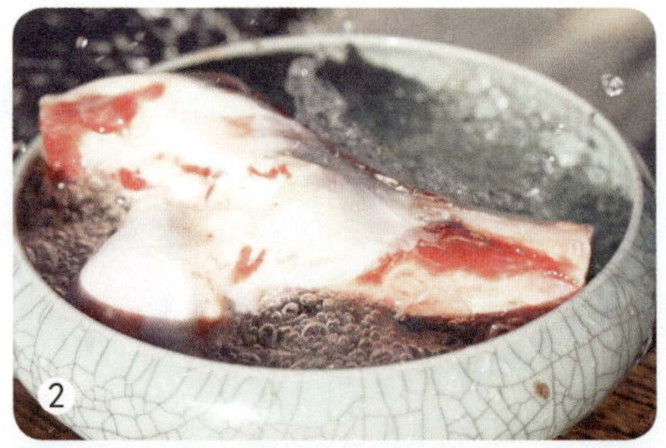
②

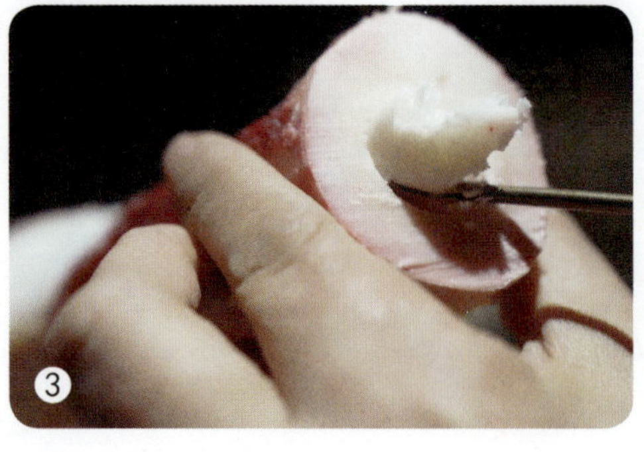
③

④

5

6

7

8

9

10

11

12

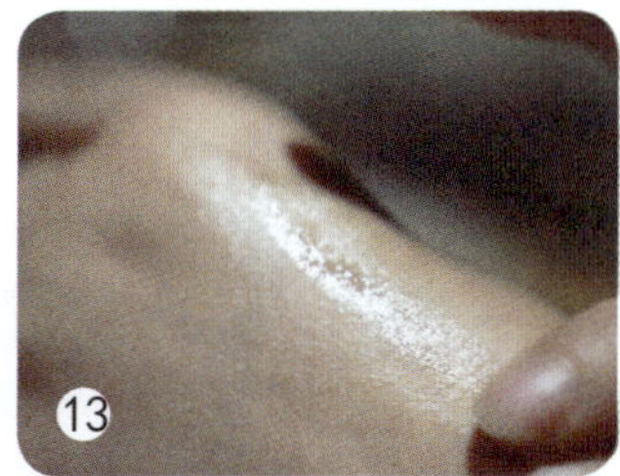
13

利汗红粉香

香方故事：

明人周嘉胄《香乘》“涂傅之香”一节中记载了一款“利汗红粉香”，说到红粉香古代多是形容女性的，“红粉佳人”更是对美人的最得当的称呼。从以胖为美的杨贵妃说起，贵妃能令后宫三千粉黛无颜色，除了其“冶其容，敏其词，婉娈万态，心中上意”之外，也与其善于以香增色有关。

作为微胖美女的杨贵妃，一到夏天就出汗不已。五代王仁裕《开元天宝遗事》中讲述了一个奇特的“红汗”现象：杨贵妃每到夏日总是穿着轻纱的衣裳，一旦出汗，汗水竟是“红腻而多香”，用手帕擦汗，帕子便会被染成桃红色。显然，杨贵妃的傅身香粉掺有胭脂或心红。因此，才会有芳香的“红汗”这一奇异的现象。古人的香身粉，不仅仅是如现在的痱子粉一样只是利汗，红粉色增添了美人的几分姿色。

香方制作：

滑石粉50克，朱砂5克，轻粉50克研磨成细粉，朱砂调粉以肉色为佳，涂于身体香肌利汗。药用滑石粉的功效：利水通淋，清解暑热，收湿敛疮。滑石能清膀胱热结，通利水道，是治湿热淋证常用之药。所以，确切地说，利汗红粉长期使用，会使湿气肌肤变得光滑细腻。

制作过程：

第一步：准备香材原料。

第二步：制滑石粉。

第三步：取少许朱砂倒入盘中。

第四步：将朱砂和滑石粉充分搅拌。

第五步：将香粉装入瓷罐中即可制成。

香药

香药是指将香材研磨成末状，或一种或几种和合而成的香，形式多样，可以是炼香香珠、香饼子、线香、散粉等。

《千金翼方》中记录了不少与医药、美容相关的香方，香药已从最初医药除臭、妇女粉泽之功用发展到饮食，还有宋人街头添加香药的各式食品，如香药脆梅、香药糖水、香糖果子、香药木瓜等。士人对香气味的追求，不但生活中追求，而且上升至精神层面，体现了宋人的生活美学。南宋开始，香从祭祀、修身之用融入日常百姓生活，都城临安有职业香印者，还有供应香药。北宋张择端的《清明上河图》描绘了开封的热闹市井，其中画到了两处香铺，一处是有一家名为“赵太丞家”的诊所，广告牌子上写着“治酒所伤真方集香丸”“大理中丸医肠胃冷”，都是针对肠胃的不适而食用的香丸，即由白豆蔻仁、砂仁、木香、姜黄等组成，一处门口招牌上写着“刘家上色沉檀拣香”，是卖高档香药的。

据统计北宋初年太平兴国中，香药税收占全年税收的3.1%。

香是日常的医药美容不可缺少的用品，梳头用的香泽，既能乌发又能定型。香可以用于洗颜敷面。例如，金章宗宫中用的洗面香八白香，用皂角和绿豆粉混合白芷、白茯苓、白丁香、白附子等香药来洗脸。香也可以内服当作保健品。

香方故事：

许多香料不仅香气好闻，可用于调香，还具有一定的药用价值，如《香乘》中就有记载，以檀香、干葛、乌梅、甘草、枸杞子等原料制成的“独醒香”，服之可以醒酒。独醒香，众人皆醉我独醒，很喜欢这句侠气和洒脱的话，香药同源，依据中医的“君臣佐使”原则追求嗅觉审美的和香，同样也有保健、养生之类的功效。“独醒香”便是众多香方中有指定功效的和香。干葛性凉，易于动呕催吐，也有解热生津之功效；乌梅敛肺、涩肠、生津，可解醉酒后烦渴；甘草清肝胆实火；缩砂主虚劳冷泻，宿食不消，下气；枸杞子平补肝肾，明目消渴；檀香性温，开窍，治噎嗝吐食；百药煎润肺化痰，生津止渴。可见，独醒香配方药性温凉平衡，内外气血通。从《清明上河图》中便能窥见，北宋张择端所绘的《清明上河图》中，赵太丞家治酒所伤真方集香丸，从图中信息来看，“赵太丞家”应该是一个诊所，出售的香丸专治饮酒伤身。

香方制作：

干葛、乌梅、甘草、缩砂各70克，枸杞子140克，檀香17.5克，百药煎300克，研为极细末，滴水为丸如鸡头大，酒后三二丸细嚼之醉而立醒，把香方的量都减量了。

制作过程：

第一步：准备香材原料。

第二步：将所有香材倒入药碾子中磨粉。

第三步：将香粉倒入盘子中。

第四步：香粉中加入麝香水。

第五步：揉成香泥。

第六步：搓成小丸子。

第七步：阴干三日。

第八步：入罐窖藏即可。

透体麝脐香

香方故事：

透体麝脐香，也叫麝香，《本草纲目》里是这么理解的：通诸窍，开经络，透肌骨，解酒毒，消瓜果食积。治中风，中气，中恶，痰厥，积聚症瘕。所以不难琢磨这个香方，但是仔细观察香方里没有一丁点的麝香，香方组合的功效却如麝脐香，是不是很难得？这便又是古人模拟出来的高档香料。

香方制作：

川芎、松子仁、柏子仁、菊花、当归、白茯苓、藿香叶各35克，磨成细末，经过9次反复蒸晒，炼蜜做成香丸，像梧桐子大小。长期服用可明目清肝排毒，令人身香。

制作过程：

第一步：准备香材原料。

第二步：将所有香材统一倒入药碾子，碾粉。

第三步：将磨好的香粉，倒入盘中。

第四步：香粉中，倒入炼蜜。

第五步：揉成香泥。

第六步：制成小香丸后，阴干三日。

第七步：阴干后，即可入罐窖藏。

豆蔻香身丸

香方故事：

豆蔻香身丸，古人一直有能让自己身香的智慧，在涂敷之香那个章节里也有一款“香身丸”，与能使口香的丸，配方上还是有所区别的。从远古先民们知道沐浴香、熏香，现代人知道用香水，豆寇香身丸就是让人从内而外散发香味，就好像吃了羊肉流汗都有羊腥味，吃了洋葱，汗也荤味。

香方制作：

丁香、青木香、藿香、甘松各35克，白芷、香附子、当归、桂心、槟榔、豆蔻各17.5克，麝香少许。研为细末，炼蜜为剂，入少酥油，丸如梧桐子大。每服20丸，逐旋噙化咽津，久服令人身香。

制作过程：

第一步：准备香材原料。

第二步：将所有的香粉一同入碾，碾磨成香粉倒入盘中。

第三步：香粉中倒入炼蜜、麝香水。

第四步：揉成香泥。

第五步：制成小香丸后，阴干三日。

第六步：入罐窖藏即可。

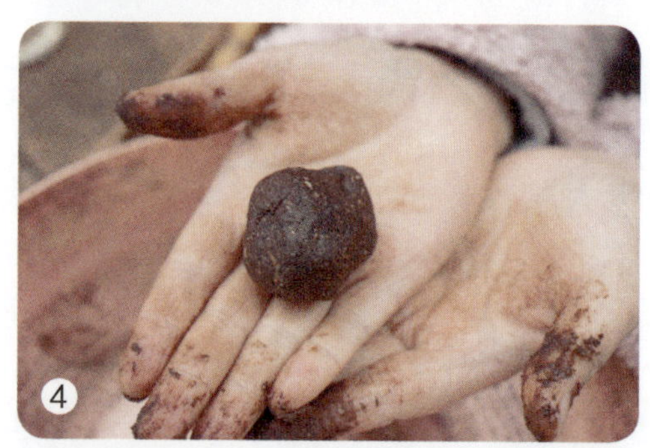

丁沉煎圆

香方故事：

丁沉煎圆，出自《太平惠民和剂局方》，丁沉煎圆的功效与作用是调顺三焦以及和养荣卫。主要是由丁香以及沉香和丁香皮等中药制成的，通常可以起到散膈凝滞有助于调顺三焦，对于心胸痞闷以及噎醋吞酸可起到治疗效果，并且还可用于治疗腹中坚满以及不思饮食等症状。

香方制作：

丁香87.5克，沉香10克，木香4克，白豆蔻15克，檀香70克，甘松140克，研磨细粉，以甘草调膏研匀做如芡实大小。

制作过程：

第一步：准备香材原料。

第二步：将沉香、檀香、木香、甘草入碾子碾粉。

第三步：白豆蔻、甘松、丁香入臼臼粉。

第四步：将制好的香粉，倒入盘中。

第五步：倒入清水。

第六步：揉成香泥。

第七步：制成小香丸。

第八步：入罐窖藏即可。

第十四章

印篆诸香

焚香是一种凝神静思的生活方式，自古至今，古人用智慧生活，在很久以前没有这么多香型，从唐代开始人们用香方式开始进步到“打篆香”，也叫“香印”。“香拓”，就是在香炉中铺上香灰，用模具将干燥的香粉压印成篆文形状，字型曲折，绵延不回地燃烧，燃尽了会留下灰黑色的烙印。唐宋时期的文人雅士特别喜欢这样的篆香之美，李清照曾写过一首《满庭芳》：“小阁藏春，闲窗锁昼，画堂无限深幽。篆香烧尽，日影下帘钩。手种江梅渐好，又何必，临水登楼。无人到，寂寥浑似，何逊在扬州。”看到扬州两个字，眼睛发亮了！只因是我的家乡吧……其实也不然，因为美好和芬芳，文人墨客与香和扬州的关联真不少！

聪明的古人也用这篆香之美，开始作为计时工具，将一昼夜划分为一百刻度，所以称为“百刻香”。循序燃尽便是一个昼夜，以准昏晓，开始常常用于寺庙供佛中。印香具材料有金银、玉、檀木、象牙，印纹除了“寿，喜，福”字纹还有莲花、梅花，易经图纹，燃烧的香粉有单品也有和香粉，唐以后的人们多以和香粉来打篆香。

熙宁年间，《宣州石刻》记载了“五夜香篆”，将晚上划分为五个时间段，也叫“五更”，分别用的是“福庆香篆”“延寿香篆”“长春香篆”和“寿征香篆”。不同季节气温不同，燃烧的速度也不一样，有13个篆模，按照二十四节气分出上印最长，自小雪、大雪、冬至、小寒后单用，其次有甲乙丙丁四印，并两刻用。

中印最平，自惊蛰至春分后单用，秋分同其前后，有戊巳印各一，并单用。末印最短，自芒种前及夏至后小暑后单用，其前有庚辛壬癸四印，并两刻用。在宋代的汴京城里，有些人家每日请香者上门理香篆，每月结账。宋人笔记《梦梁录》中有清楚的记载：“且如供香印盘者，各管定铺席人家，每日印香而去，遇月支请香钱而已。”一炉篆香把我们带入到鼎盛的唐宋王朝，不得不惊叹古人的诗意生活，他们的十二时辰都沐浴着芬芳香气。

百刻印香

香方故事:

“百刻印香”不同于百刻香印，洪刍《香谱》“百刻香”条曰：“近世尚奇者，作香篆，其文准十二辰，分一百刻，凡然一昼夜已。”计时之用的香篆叫作“百刻香”，其印模图案是十二时辰的刻度图案，以“百刻香印”脱制出的香篆，一盘可燃烧一天一夜，通过观察香篆燃烧的进度，便可计算时间。在《香乘》卷二十一“印篆诸香”中的百刻印香是众多印香中的一种方子，方中有诸多香料相辅相成，当满屋飘散着“百刻印香”的香气、醇厚、雅致、沁入心脾。有香味给身心带来的稳稳踏实的享受。

香方制作:

栈香35克，檀香、沉香、黄熟香、零陵香、藿香各60克，土草香15克，盆硝15克，丁香15克，制甲香15克，龙脑少许，研细打篆时旋入。

制作过程：

第一步：准备香材原料。

第二步：将所有香材碾磨成粉后倒入盘中。

第三步：将香粉均匀混合。

第四步：将混合好的香粉，装入瓷罐。

第五步：铺香粉。

第六步：起篆。

第七步：燃香。

第八步：品香。

龙麝印香

香方故事：

不知道古人是怎么想、怎么做到的，此香中根本没有龙麝，却以龙麝为名，或许是因为虚荣心，也或许是为了增加香的神秘感和吸引力吧！因为龙麝是高贵的象征。

香方制作：

檀香、沉香、茅香、黄熟香、藿香叶、零陵，以上每味香料各350克；甲香262.5克，盆硝87.5克，丁香192.5克，栈香1050克，切成碎片；将以上研成细末，调和均匀，按照常规方法燃烧即可。

制作过程：

第一步：准备香材原料。

第二步：将所有的香材磨粉后，倒入盘中。

第三步：将香粉均匀混合。

第四步：将香粉装入瓷罐。

第五步：铺香粉。

第六步：起篆。

第七步：燃香。

第八步：品香。

供佛印香

香方故事：

在佛教文化中，香被视为一种纯净的物质，代表着清净和美好的象征。它能够散发出芳香，让人感到舒适和平静，有助于净化心灵，引发内心的宁静和专注。在选择供佛香的时候，佛教徒通常会选择天然植物香料制成的香，如檀香、沉香、白芷等。这些香料具有浓郁的香气，而且据说能够驱除邪恶、净化心灵。

香方制作：

栈香600克，甘松105克，零陵香105克，檀香35克，藿香35克，白芷17.5克，茅香17.5克，甘草10.5克，苍脑10.5克。单独研磨，将以上香料研成细末，调和在一起，按照常规方法使用。

制作过程：

第一步：准备香材原料。

第二步：将所有香材磨粉，倒入盘中。

第三步：将所有的香粉均匀混合。

第四步：将香粉装入瓷罐。

第五步：铺香粉。

第六步：起篆。

第七步：燃香。

第八步：品香。

乳檀印香

香方故事：

乳檀印香有淡淡清香，草药香，又不会生散太快，有沉香稳住基调和香韵，虽然有白芷、甘松、乳香、茴香这些抢味道的香品，但是配比达到平衡后，它们之间是那么的契合，刚刚好的味道，总是给人滋润舒心惬意的感觉！

香方制作：

黄熟香210克、香附子175克、丁皮175克、藿香140克、零陵香140克、檀香140克、白芷140克、枣焙300克、茅香1200克、茴香2克、甘松300克、乳香35克、生结香140克，研磨细粉，正常熏燃。

制作过程：

第一步：准备香材原料。

第二步：将所有香材研磨成香粉，倒入盘中。

第三步：将所有香粉，均匀混合。

第四步：将混合后的香粉，装入瓷罐。

第五步：铺香粉。

第六步：起篆。

第七步：燃香。

第八步：品香。

无比印香

香方故事：

“无比印香”是一款适用打篆香的方子，用蜜水浸泡一夜的茅香完全没有了燥气，蜜水的浸润使香气得到了升华，配伍其他香料，变得无比清香，打一篆无比印香，相信这世间再多的烦恼你也能不屑一顾。

香方制作：

零陵香35克，甘草35克，藿香35克，香附子35克，茅香70克，蜜汤浸一晚（不可水多，晒干微炒过）；将以上香料研为末，每用或先抹擦紫檀末少许，次布香末。

制作过程：

第一步：准备香材原料。

第二步：香材用蜜水浸泡一宿。

第三步，晒干后研磨成香粉倒入盘中。

第四步：将香粉均匀混合再一起。

第五步：香粉入罐。

第六步：铺香粉。

第七步：起篆。

第八步：燃香。

第十五章

五方真气香

东阁藏春香

香方故事：

东阁藏春香（东方青气属木，主春季，宜华筵焚之，有百花气味），此香源于明代景泰年间《晦斋香谱》中的“五方真气香”，其中一味便是“东阁藏春”。春为东方之气，五行属木，主气疏通人体肝经，可让空间生机勃勃、春意盎然。东阁曾是宴客之地，也是明清两代大学士的垫阁之所。这里不仅承载着厚重的历史文化，更与香气有着不解之缘。如今，东阁藏春便是对这一传统的美好传承，让我们在品味香气的同时，也能感受到古人的智慧与雅致。

香方制作：

沉速香70克，檀香17.5克，乳香、丁香、甘松各3.5克，玄参35克，麝香0.4克，研磨成细粉，炼蜜和成饼，用侧柏叶碾成粉状裹衣。侧柏叶的清香使此款香气瞬间增添了层次感，让人感到贴近自然感到初春的气息。前调松柏的香味好像治愈了一度的焦躁不安。让人们仿佛看到了百花盛开，一片生机盎然的春意。

制作过程：

第一步：准备香材原料。

第二步：将丁香、乳香、侧柏叶、甘松放入石臼，臼粉。

第三步：将檀香、沉香、玄参放入碾子碾粉。

第四步：除了侧柏碎，其他香粉倒入盘中。

第五步：香粉中倒入炼蜜和麝香水。

第六步：揉成香泥。

第七步：制成小香片后，倒入侧柏碎。

第八步：使其小香片裹衣。

第九步：放晒网，阴干三日。

第十步：阴干后，即可入罐窖藏。

南极庆寿香

香方故事：

南极庆寿香，按南方赤气属火，主夏季，宜寿筵焚之。此香是南极真人瑶池庆寿香。依据《黄帝内经》心在五味为苦，在五行属火，在四季与夏季相应，因心血脉，故夏季得病多在血脉，心在五为“焦”。所以夏季，就需要养血补心，更加需要注意饮食，以调养生息。唐代诗人李白就写有诗句：“衡山苍苍入紫冥，下看南极老人星。”古书中将这款香称为南极庆寿香，寓指的就是南极老人瑶池庆寿之香，非常之吉庆，而且书中也说得非常清楚，宜寿筵焚之，当然，平时生活中也可用。

香方制作：

沉香、檀香、乳香、金沙降、各17.5克，安息香、玄参各3.5克，大黄1.75克，丁香0.4克，官桂0.4克，麝香1.2克，枣肉三个（1.2克），煮去皮核。研为细末，加上枣肉，以炼蜜和剂托出，用上等黄丹为衣焚之。古方中裹衣用的黄丹，因黄丹有毒，所以，这里做了小小改动，将黄丹换成了黄色郁金香粉。这个根据个人需求，也可用黄丹，毒性不足，相信古人的智慧。

制作过程：

第一步：准备香材原料。

第二步：将檀香、沉香、大黄、金沙降放入药碾子碾粉。

第三步：将安息香、丁香、乳香、玄参、红枣入臼，臼粉。

第四步：将所有的香粉倒入盘中。

第五步：倒入炼蜜。

第六步：揉成香泥。

第七步：制成小香片后，倒入黄丹裹衣。

第八步：香片裹衣。

第九步：放在晒网，阴干三日。

第十步：阴干后的香片，即可入罐窖藏。

①

②

③

④

5
6
7
8
9
10
南极庆寿

西斋雅意香

香方故事：

西斋雅意香，按西方素气，主秋，宜书斋经阁内焚之，有亲灯火阅简编，消酒襟怀之趣云。这是一款适合书房里焚的香，此香是书房的标配，文人一天的书斋生活，也是从一炉香开始的。早晨焚香一炷，清烟飘翻，顿令尘心散去，灵心熏开，书斋中不可无此香味。明代的高濂说“嗜香者，不可一日无香”。从五行角度说，秋季气候干燥，肺气旺盛，肝气虚弱，脾胃易受影响。秋季阳气渐收，阴气生长，故保养体内阴气成为首要任务，而养阴的关键在于防燥。

香方制作：

玄参酒浸洗14克，檀香17.5克，大黄3.5克，丁香10.5克，甘松10.5克，麝香少许，研磨成细粉，炼蜜和剂作饼子，以煅过寒水石为衣焚之。煅寒水石就是用大火烧红寒水石，这里解释一下，如果用方解石烧不红，只是在烈火中发出噗吡的炸裂声，不过也有解压的效果。

制作过程：

第一步：准备香材原料。

第二步：制玄参。

第三步：寒水石加热后，磨为细粉。

第四步：将晒干的玄参、丁香、甘松入臼臼粉。

第五步：将檀香、大黄入碾子碾粉。

第六步：将所有香粉倒入盘中后，加入蜂蜜、麝香水。

第七步：制成小香片后，用寒水石粉裹衣。

第八步：香片充分裹衣。

第九步：裹衣的香片放在晒网上，阴干三日。

第十步：阴干后的香片入罐，窖藏即可。

北苑名芳香

香方故事：

“北苑名芳香”是一款适合冬季使用的香，适合围炉赏雪时焚用。香方中“北方黑气主冬季，宜围炉赏雪焚之，有幽兰之馨。”根据《黄帝内经》论述，肾是生命之本，人体精气的蓄能器开窍耳与二阴。五色之中，黑色是入通于肾的，因此黑色的食材通常会被用来补肾。制作此香时，想象着冬雪围炉焚香赏雪的诗意生活，脑海里浮现出五行与色彩的交融，生命的幽香若兰之雅漾。

香方制作：

枫香8.75克，玄参7克，檀香7克，乳香52.5克，研磨成细粉，炼蜜加柳炭和成丸熏。枫香就是白胶香，此方配伍是乳香成为主料奶甜味，檀香奶甜味，“焚之，有幽兰之馨”，因而玄参取味不在甜，而在于酸，因为“幽兰”香气虽馥郁幽远，便绝不是甜香，故而此香方中，玄参是来调和甜味的。

制作过程：

第一步：准备香材原料。

第二步：将所有香材研磨成粉后，倒入盘中。

第三步：在香粉中倒入炼蜜。

第四步：揉成香泥。

第五步：制成小香丸。

第六步：小香丸放入晒网上，阴干三日。

第七步：阴干后小香丸即可入罐窖藏。

①

②

③

④

⑤

⑥

⑦

香方故事：

醍醐香，听此香名脑海中就跳出“醍醐灌顶”四个字，醍醐通常指的是从牛奶中提炼出来的乳酪，从乳酪再加工成酥，酥再深度加工就醍醐。这个醍醐相当于一种酥油的意思，可以治病，佛教也以醍醐比喻佛性。灌顶是佛教中的一种仪式，当僧人修行到一定程度时会有一个灌顶仪式。说到这里，香方其意就是智慧香，不管从哪个角度看都有醍醐的意思在里面，有佛性又有奶香味。

香方制作：

乳香、沉香各7克，檀香52.5克，研磨成细粉，入麝香少许，炼蜜做成饼，用朱砂裹衣。香方中没有强调用朱砂裹衣，也是巧合了，做了心形饼状，裹了一层朱砂红衣，一颗心！不正是醍醐香通达心灵的本意吗？

制作过程：

第一步：准备香材原料。

第二步：将所有香材原料研磨成香粉，倒入盘中。

第三步：倒入炼蜜、麝香水。

第四步：揉成香泥。

第五步：制成小香片后，倒入朱砂裹衣。

第六步：香片充分裹衣。

第七步：裹衣后的香片入罐，窖藏即可。

蝴蝶香

香方故事：

蝴蝶香，《香乘》第二十三卷《晦斋香谱》中有这么一款香，据说在花园中焚之会有一群蝴蝶飞过来。“绿树阴浓夏日长，楼台倒影入池塘，斗指东南维为立夏，虫鸟喧鸣，蝶舞蜂忙。”夏季主长，与心气相通，此时阳气盛于外，阴气居于内，情绪易波动，劳伤心脾，最适合焚蝴蝶香。

香方制作：

檀香、甘松、玄参、大黄、金砂降、乳香各35克，苍术8.75克，丁香10.5克，研磨成细粉，用炼蜜和粉做成香饼。

制作过程：

第一步：准备香材原料。

第二步：将所有香材研磨成香粉后，倒入盘中。

第三步：在香粉中倒入炼蜜。

第四步：揉成香泥。

第五步：制成小香片后放在晒网上，阴干三日。

第六步：阴干后的小香片入罐，窖藏即可。

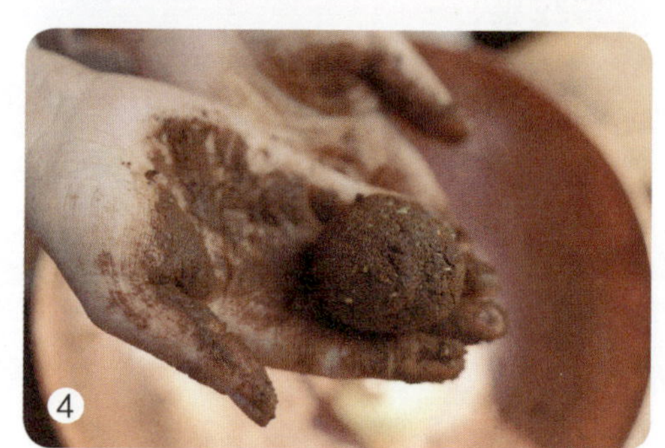

三奇香

香方故事：

“三奇香”和它的名称一样，有三种香料和合而成，也分别代表了精、气、神。说来有点意思，古书记载里只留下了此香方，没有香名。可能因为用了三种香料，所以，周家胄先生在著这本书时，就给起名“三奇香”。

香方制作：

檀香、沉速香各70克，甘松35克，研为末，炼蜜和剂，做饼焚之。我在制作香时调整了量。根据香方配伍成分看，此香甘而和缓，入脾、胃经。善行脾胃气滞而止痛，散中焦气郁而醒脾，可安神助眠。

制作过程：

第一步：准备香材原料。

第二步：将香粉研磨后，倒入盘中。

第三步：将香粉中倒入炼蜜。

第四步：揉成香泥。

第五步：制成小香片。

第六步：小香片放在晒网上，阴干三日。

第七步：阴干后的小香片入罐，窖藏即可。

瑞和香

香方故事：

此香方中的降真香是道教香方中的重要香药之一，色深紫红，又称紫藤香，有祛秽化浊，活血祛风之效。汉代《仙传》记载，以降真香“拌和诸香，烧烟直上，感引鹤降。醮星辰，烧此香为第一”。瑞和香，是一款传统和香，香气清润温和，滋润醇厚，有祛风散寒的香养作用。室内焚一炉瑞和香，幽幽香气，不绝如缕，寓意祥瑞和谐！

香方制作：

金沙降、檀香、丁香、茅香、零陵香、乳香各35克，藿香7克。以上香药研为末，炼蜜和剂作饼焚之。《遵生八法笺》中载：“小雪时节，自然界阳气趋于潜藏，万物活动趋向休止，此时，应顺自然收养，闭藏之势，燃一缕瑞和香标志着寒冬开始了。”

制作过程：

第一步：准备香材原料。

第二步：将香材研磨成粉后，倒入盘中。

第三步：在香粉中加入炼蜜。

第四步：揉成香泥。

第五步：制成小香片。

第六步：小香片放在晒网上，阴干三日。

第七步：阴干后的小香片入罐，窖藏即可。

金丝香

香方故事：

为何叫“金丝香”呢？大概是其中有金砂降，古方中有很多用到降真香的地方，《晦斋香谱》中更多把降真香说成金砂降，周嘉胄先生没有改其名说明自有道理。高品质的降真香特点是黄油或带黄色夹层并密布金黄色的沙点，也称为黄油金丝降真香。此款香外形表现最多的是金砂降，故称之为“金丝香”。降真香的特点是避邪，安定心神。

香方制作：

茅香35克，金砂降、檀香、甘松、白芷各3.5克，研磨成细粉，炼蜜和成饼熏香。

制作过程：

第一步：准备香材原料。

第二步：将香材磨粉后倒入盘中。

第三步：在香粉中，倒入炼蜜。

第四步：揉成小香丸。

第五步：制成小香片。

第六步：小香片放入晒网上，阴干三日。

第七步：阴干后的小香片入罐，窖藏即可。

翠屏香

香方故事：

宋代张耒有诗云：“翠屏香暖秋眠稳，霜冷宝奁金错刀。谁信苦吟无睡客，挑灯起听楚人骚。”翠屏是什么呢？《香乘》中记载了一种香叫作“翠屏香”，原来古代普通人家女孩住处叫“闺房”，而富贵人家叫“画堂”，是用蔷薇架、荼蘼架等一道道花架的屏障围起一方幽秘的天地。枝繁叶茂、繁花点缀的屏障，被称为“翠屏”。此香适合在这缠满翠绿枝条和纷繁花朵的翠屏间焚熏。

香方制作：

沉香7.5克，檀香15克，略略炒制过的速香（黄熟香）及苏合香22.5克。研成粉末，用炼蜜调和成剂，制成香饼焚烧使用。

制作过程：

第一步：准备香材原料。

第二步：炒制黄熟香。

第三步：将炒制后的黄熟香和其他香材研磨成香粉后，倒入盘中。

第四步：在香粉中倒入炼蜜。

第五步：揉成香泥。

第六步：制成小香片。

第七步：将小香片放于晒网上，阴干三日。

第八步：将阴干后的小香片入罐，窖藏即可。

第十六章

降真香

降真香是一种黄檀属植物受外伤结的香，和沉香类似，具有神奇的药用价值。《仙传》描述“拌和诸香，烧烟直上，感引鹤降，醮星辰烧此香为第一篆”。降真香充满了仙气和灵气。降真香道家比较推崇，在道教文化中降真香是具有神力的。按产地可分为番降、土降、广降，其中色深紫红油脂大的叫“紫藤降”，是降真香的上品。

一般说花、叶、果多轻薄，气味散发快，清爽提神，轻清而治表症，穿透性不强，传播距离短，留香时间不久。而越往下者，如植物的根部，尤其是藤类其气味越厚重沉郁，香气散发速度也越慢。降真香，舒筋活血、疏肝理气，降气安神，镇静止痛的作用更强，香气穿透性强，药力持久疗效好。

降真香如此弥足珍贵，在古代其实也就只有宫廷贵族才能用上，再穿越到宣和年间看看，无香不欢的宋徽宗皇帝是怎么御制出“宣和内府降真香”的。据说皇帝在大殿焚烧此香，引鹤飞来，一片祥瑞，多才多艺的徽宗皇帝灵感而至，创作了流传千古的《瑞鹤图》。

宣和内府降真香

香方制作：

番降105克切成小块，用蜡茶20克沸汤浸泡一天，汤高于香一指，第二天取出风干，用好酒半碗蜜50克，枣四五个，放到容器中一起煮，干汤为准，瓷罐封藏，慢慢取用，香气清远。在我看来，用了此香方，祥瑞会降临于你。有句古诗云：“尽日窗间更无事，唯烧一炷降真香”。

制作过程：

第一步：准备香材原料。

第二步：将腊茶磨粉，同降真香一起倒入碗中。

第三步：浸泡一天。

第四步：滤出晒干。

第五步：晒干后同红枣，倒入蜂蜜和好酒同煮，水尽为止。

第六步：将煮好的降真香，滤出晒干。

第七步：晒干后，磨粉装罐即可。

第八步：封罐窖藏。

降真香一

香方制作：

此方，还是同样用番降20克，炮制降香的材料换成了冬青子20克，香气中多了一味清新，感觉心更清爽舒坦，眼睛也觉得明亮许多。

制作过程：

第一步：准备香材原料。

第二步：制冬青子。

第三步：将降真香倒入冬青子汁中。

第四步：放入蒸锅，蒸煮30分钟。

第五步：蒸煮后倒出晒干。

第六步：晒干后的降真香磨粉。

第七步：装入瓷罐。

第八步：燃香。

第九步：封罐窖藏。

降真香二

香方制作：

此方同样将番降换成了藁本炮制，去藁本不用，枫香少许拌匀熏。番降20克，切成小片，藁本20克，与香同煮，晒干的番降磨粉加枫香少许。香味中有淡淡的药香，此方能够散寒化湿。

制作过程：

第一步：准备香材原料。

第二步：将藁本同降真香入锅，煮制30分钟。

第三步：煮制后滤出将藁本挑出，降真香晒干。

第四步：将降真香磨粉，加入少许枫香粉混合。

第五步：香粉入罐。

第六步：取瓷罐香粉入香炉。

第七步：燃香。

第八步：封罐窖藏。

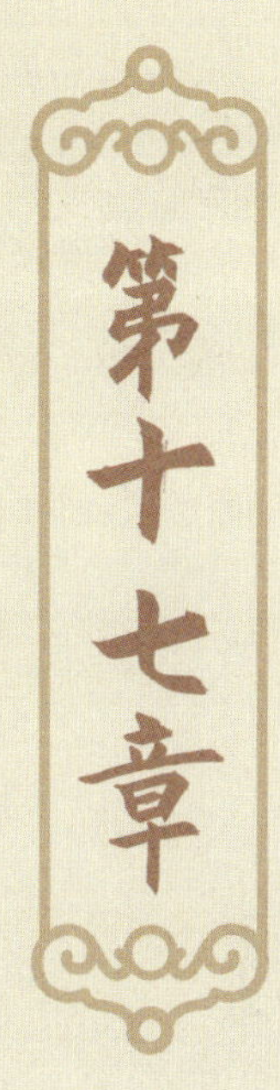

芬积香

芬积香

香方故事：

芬积香是宋代文人雅士必焚香品之一，有扶正除邪、温中益气、通经开窍、散瘀化结、醒神养性等特点。芬积香也是佛家历史传统名香之一，经历代高僧大德不断修正完善而成，香韵芬积，留香持久。

香方制作：

丁皮70克，硬木炭70克，韶脑17.5克，檀香17.5克，麝香3.5克，研磨成细粉拌匀，炼蜜黏合装瓷罐正常使用。

制作过程：

第一步：准备香材原料。

第二步：将所有香材磨粉后，倒入盘中。

第三步：在香粉中加入炼蜜、龙脑水、麝香水。

第四步：揉成香泥。

第五步：将香泥放入罐中。

第六步：封罐窖藏。

小芬积香（武）

香方制作：

栈香35克、檀香17.5克、樟脑17.5克、降真香3.5克、麸炭105克，用生蜜和匀，瓷罐窖藏。芬积香香气普遍比较浓郁，花香弥漫开来，可调节情绪，令人心情舒畅，给人一种向阳而生的感觉，是一种将希望的种子播撒在春天土壤里的味道。

制作过程：

第一步：准备香材原料。

第二步：将香材研磨成粉后，倒入盘中。

第三步：加入炼蜜。

第四步：揉成香泥。

第五步：将香泥放入瓷罐。

第六步：封盖窖藏即可。

①
②
③
④
⑤
⑥
小芬积香

芬积香（沈）

香方制作：

沉香35克、栈香35克、藿香35克、零陵香35克、丁香10.5克、芸香1.57克、甲香1.75克炮制，炼蜜，放入磨碎粉加龙脑麝香少许拌匀，窖藏一月，取出点燃，香气馥郁，如百花绽放。

制作过程：

第一步：准备香材原料。

第二步：将香材磨粉后，倒入盘中。

第三步：倒入炼蜜、龙脑水和麝香水。

第四步：揉成香泥。

第五步：放入瓷罐。

第六步：封盖窖藏。

芬
积
香

第十八章

四和香

和香中有“大四和”，是用名贵的香材。“沉檀脑麝”为皇室用香之风格，彰显富贵奢华大气。而宋代文人们推崇的是自然极简，清雅脱俗的气质，认为清新气味胜过奢侈用料。于是，就用了生活中废弃的果皮来制香，他们觉得取之有道才是最有魅力，相对“大四和”“小四和”的材料是四季收藏起来的橙皮、荔枝壳、甘蔗渣、榠滓。

明代学者方以智在《物理小识》的“焚香法”中有诗言：“穷六和香宜土屋，瓦炉茶饼昼夜足。木根野火曝三伏，山人不羡龙涎福。”这里的“山人不羡龙涎福”意思就是对奢侈香料的否定，觉得还不如山林野趣来得真实。这都是站在一个文人雅士的品鉴标准说的“小四和”香。香有富贵四和，不若台阁四和；台阁四和，不若山林四和。荔枝壳、甘蔗滓之类，各有自然之香也。奢华有奢华的理由，“大四和”要根据我们的经济条件身份地位，如果条件允许适当彰显富贵气质不是不可。不管“大四和”还是“小四和”，都得感恩古人留给我们的香味。

香方制作：

沉香、檀香各35克，龙脑、麝香各3.5克，先把沉檀研磨成粉末状，再加龙脑麝香少许，入炼蜜拌匀制成丸瓷罐窖藏。数日后熏香。

制作过程：

第一步：准备香材原料。

第二步：将沉香、檀香磨粉倒出。

第三步：倒入龙脑水、麝香水、炼蜜。

第四步：揉成香泥。

第五步：制成小香丸。

第六步：小香丸入罐，窖藏即可。

1

2

3

4

5

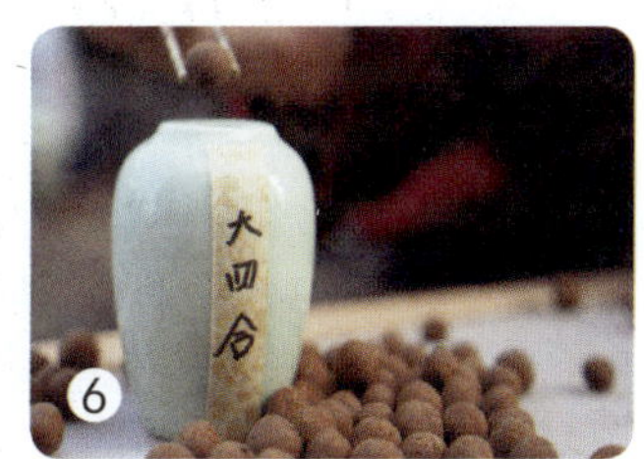

6

香方制作：

“小四和”制作过程：橙皮、荔枝壳、榠渣、甘蔗滓各50克，晒干研磨细粉做成香饼熏。这是一种方式，另外还可把榠和甘蔗捣泥状和粉做饼熏。

制作过程：

第一步：准备香材原料。

第二步：将榠楂和甘蔗去皮入臼，臼碎。

第三步：将橙皮、荔枝壳用药碾子碾粉。

第四步：将香粉和甘蔗碎、榠楂碎一同倒入盘中。

第五步：倒入蜂蜜。

第六步：揉成香泥。

第七步：制成小香片。

第九步：将小香片入罐，窖藏即可。

3

4

5

6

7

8

9

四和香（补）

香方制作：

檀香70克，锉碎，蜜炒褐色，勿焦，滴乳香35克，绢袋盛酒煮，取出研磨，麝香3.5克，腊茶35克，同麝香研磨，松木炭末17.5克。研磨细粉，炼蜜和匀，瓷罐收藏半月可用。

制作过程：

第一步：准备香材原料。

第二步：制檀香。

第三步：制乳香。

第四步：将腊茶、麝香入臼，臼粉。

第五步：将所有制好的香粉，倒入盘中，加入碳粉。

第六步：倒入蜂蜜。

第七步：倒入炼制的乳香。

第八步：揉成香泥。

第九步：制成小香丸。

第十步：将香丸入罐窖藏即可。

1
2
3
4
5
6
7
8
9
10
四和香

加减四和香

香方制作：

沉香35克，木香17.5克，檀香17.5克，丁皮35克，麝香0.35克，另外研磨，龙脑0.35克，另外研磨，剩余的香都研磨细粉，木香水和做成饼熏。

制作过程：

第一步：准备香材原料。

第二步：将檀香、沉香、木香，分别用碾子碾粉。

第三步：将木香粉倒入杯子中，加水搅拌。

第四步：将沉香粉、檀香粉倒入碗中，加入调和的木香水、龙脑水、麝香水、炼蜜。

第五步：揉成香泥。

第六步：制成小香丸。

第七步：入罐窖藏即可。

1

2

3

4

5

6

7

冯仲柔四和香

香方制作：

锦纹大黄35克、玄参35克、藿香叶35克、蜜35克，用水和，慢火煮几个小时，搓成碎末，入檀香10.5克、麝香3.5克，再用蜜拌匀，窨过熏之。

制作过程：

第一步：准备香材原料。

第二步：将大黄、玄参、藿香、加蜂蜜入砂锅煮制三个小时。

第三步：煮制后滤出，倒入盆中，放至阳光下晒干。

第四步：晒干后，倒入碾子碾粉。

第五步：将碾磨好的香粉倒出。

第六步：在香粉中加入檀香粉。

第七步：倒入蜂蜜、麝香水。

第八步：揉成香泥。

第九步：制成小香丸。

第十步：将小香丸入罐，窨藏即可。

1
2
3
4
5
6
7
8
9
10

香饮子

紫苏饮

《清明上河图》中的香饮子

香方故事：

一幅《清明上河图》让我们不由自主地穿越时空，回到汴京，城里随处可见卖“香饮子”的小摊位。感觉像是今天城市中随处可见的奶茶店。不错！“香饮子”就是宋人的“奶茶”。

香饮子是宋人通过香料和草药配方调制出来的保健饮品。在各种香饮子中，“紫苏饮”脱颖而出，被广大民众所喜爱，并被宋仁宗誉为“天下第一饮”。饮品入口酸甜，回味甘香，实不负“天下第一饮”之称号！

紫苏饮制作过程：鲜紫苏叶8片，甘草3片约5克，陈皮8克，冰糖10克，水一壶，约1.5升，柠檬汁5克，先将紫苏叶洗净，晾干水，鲜叶用焙火法焙干，将所有材料依次放入壶中加水煮开。焙干后的做法不但有利于保存方便随时泡煮，炙过的紫苏煮出来的汤色会更加红艳诱人。

这也是我在实践中得出的有趣发现，我买回家的紫苏一袋是鲜叶放在楼上，一袋干叶放在楼下，前一天在楼下煮的紫苏饮色彩鲜艳亮丽，而第二天在楼上煮出来的色则太淡。后来，我就发现，原来是紫苏叶需要焙火炙。将挤好的柠檬汁和匀，此时便是惊艳之瞬间！加入柠檬汁的紫苏饮瞬间变成了红艳色彩，就如同暮春时节天边的那抹晚霞。按照中国传统色对照就是美丽动人的杨妃红。

甘草具有补脾益气，清热解毒，祛痰止咳，缓解止痛之功效。紫苏有解表散寒，行气化痰之功效。两者合在一起，功效事半功倍。炙甘草增加了饮子的甘香回味，但是多放会有股药味儿。作为日常饮品，我们取2～5片足矣。如果需要冰一点，就放入冰块。写到此时，我方才想起自己身处在哪个朝代了，放于冰箱冷藏，口感也非常不错哦！

制作过程：

第一步：准备原料。

第二步：将紫苏叶放置在热炉上，焙干紫苏叶。

①

②

第三步：将焙干的紫苏叶连同陈皮、冰糖、甘草一同倒入壶中。

第四步：倒入约1.5升的清水，煮开。

第五步：将煮好的紫苏饮，倒入茶器中。

第六步：将紫苏饮倒入杯中后，加入柠檬汁。

第七步：此时，紫苏饮会神奇地变为紫红色。

香方故事：

香薷饮，芳香祛湿，疏散风寒，源自《太平惠民和剂局方》，是当时的宋朝专门给老百姓公布的方子。方中有三味药：香薷，是芳香祛湿，驱散风寒感冒；厚朴，是化湿，夏天病多为暑湿；白扁豆健脾，也有用扁豆花，因香薷为主料所以叫香薷饮。多美丽的名称！它也被曹雪芹写进了《红楼梦》中，黛玉中暑就喝了香薷饮。

香方制作：

香薷10克，厚朴5克，白扁豆5克，白扁豆炒臼碎，厚朴用姜汁浸泡焙干，用开水浸泡，加入冰糖3克放进铫中煮15分钟，滤汤放凉，放凉服用。因为，热服容易导致呕吐，暑天也可放入冰块，口感更佳。现代人常有“空调病”，试试香薷饮吧。香薷针对哪种湿病呢？本方所治证候暑湿内蕴而兼寒邪外束。多缘夏月先受暑湿，又因起居不慎，乘凉饮冷而感受寒邪，酿成暑湿为寒所遏。寒邪犯表，卫阳被郁，腠理不开，故恶寒。我估计现代的小朋友会觉得有一点药味，女儿尝了一口就皱眉说没有街上的甜味奶茶好喝，我接下来就是一番苦口婆心了。仔细想想古人对自己的健康还是很负责的。

制作过程：

第一步：准备香材原料。

第二步：将厚朴入臼，臼颗粒状。

第三步：炒制白扁豆。

第四步：炒制后的白扁豆入臼，臼碎。

第五步：将生姜入臼，臼碎倒入纱布。

第六步：滤出生姜汁。

第七步：厚朴颗粒带入生姜汁，浸泡一个小时。

第八步：将浸泡后的厚朴放入热炉，文火炒干。

第九步：将香薷、炒制后的厚朴颗粒、白扁豆碎入壶。

第十步：壶中加温水，煮十分钟即可。

第十一步：出汤。

第十二步：可选择放入冰块。

第十三步：倒入香薷饮，即可饮用。

7

8

9

10

11

12

13

雪泡缩脾饮

香方故事：

雪泡缩脾饮，也是源自《宋·太平惠民和剂局方》，是一种夏天最受欢迎的饮料，在《清明上河图》和两宋的街头巷子里都能常见。雪泡就是有冰冰凉凉的意思，缩脾就是养脾胃，解伏热，除烦渴，消暑毒的功效。

香方制作：

乌梅肉、草果、炙甘草、缩砂仁各140克，干葛、白扁豆各70克。除乌梅肉是最后放入铫锅里的，其他材料炙好后臼碎入铫放水煮15分钟后滤出茶汤，这里提醒一下，如果不喜欢太重的药味把甘草减掉一半的量，放冰糖调味更佳，有种现在的酸梅汤的滋味。

制作过程：

第一步：准备香材原料。

第二步：清水浸泡白扁豆。

第三步：白扁豆去皮取仁。

第四步：将去皮取仁后的白扁豆，放入热炉上炒制。

第五步：炒制葛根。

第六步：炒制炙甘草。

第七步：炒制砂仁。

第八步：草果加蜂蜜进行炒制。

第九步：砂仁、豆蔻、炙甘草、葛根、草果、乌梅肉入壶。

第十步：倒入清水，沸煮15分钟。

第十一步：出汤。

第十二步：放入冰糖。

第十三步：即可制成饮用。

7

8

9

10

11

12

13

香方制作:

桂花饮是宋人特别喜爱的饮品。洛神花20克，陈皮5克，桑葚20克，桂花15克，开水凉至80摄氏度左右冲泡出汤出色，酒红色的茶汤潋滟，用干桂花放在炉上再倒扣一个杯子，加热到桂花香味吸附在杯中，饮上一杯，沁入心脾的香味顿感烦恼无踪影。桂花饮有提神醒脑的作用，桂花饮所散发出来的浓郁的花香，能够舒缓紧张的情绪，饮用桂花茶可以平衡神经系统，达到提神醒脑的作用。

制作过程:

第一步：准备香材原料。

第二步：起热杯后，将桂花放入热杯中。

第三步：加入少量清水后，再用饮杯扣住。

第四步：洛神花入壶。

第五步：黑桑葚入壶。

第六步：陈皮入壶。

第七步：加入开水，浸泡十五分钟。

第八步：出汤。

第九步：取少量的桂花，撒于饮品中。

第十步：桂花饮，即可制成。

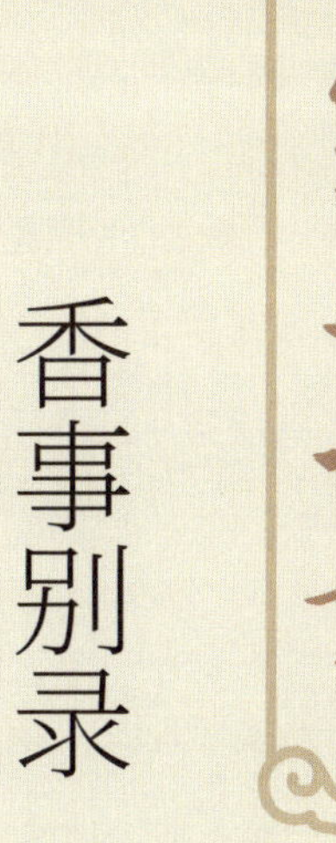

第二十章

香事别录

刘季和爱香

有一次刘季和上完厕所，马上就到香炉上去熏。主簿张坦说：“人们说名公做了俗人，此言不虚呀。”刘季和说：“荀令君去别人家，坐过的地方三日还有香气。”张坦说：“丑妇模仿西施皱眉的样子，人们看了都躲开，难道名公也想让张坦躲开吗？”刘季和大笑。

厕香

西晋重臣刘寔到石崇家里做客，上厕所的时候见有绛纱帐幔，华丽舒适的席褥，还有两位女婢手里拿着香囊。刘寔立刻掉头告诉石崇说：“我刚刚误进了您的房间。”石说：“是厕所啊。”还有，王敦到石季伦家的厕所，十多个佣人两旁站立服侍，都身穿华丽衣服，胭脂水粉，沉香香味阵阵清香。

玉蕤香

柳宗元得韩愈所寄诗，先以蔷薇露盥手，薰玉蕤香，后发读。曰：“大雅之文，正当如是。”蔷薇水入华应当不晚于唐代，与中国的缘分很可能始于唐高宗永徽年间。

雪香扇

后蜀皇帝孟昶夏天用水调制龙脑抹在白色扇上，用它扇风，有阵阵清凉的香风。一晚他与花蕊夫人登高望月，把扇掉到楼下被人拾到效仿，后来宫人夏日都用龙脑涂扇夏日纳凉，被称为“雪香扇”。

香有气势

蔡京，兴化仙游人，官至宰相，以贪渎闻名，艺术天赋很高，在书法诗词散文上很有作为。他每次焚香，先令丫鬟关好窗户，用大概十个香炉烧香，香烟满屋都是，于是就把正北的窗帘打开，香烟蓬勃气势雄伟如云雾缭绕在庭院中。蔡京对来访的客人说：香需要这样烧才有气势。

伴月香

五代宋初文学家书法家徐铉，广陵人（今扬州人），在每个有月亮的晚上，他喜欢坐在庭院中焚一炉好香，他起了一个昵称叫“伴月香”。

五香饮

隋文帝杨坚年间，有位筹禅师在修行中做了五香饮，第一沉香，第二檀香，第三泽兰香，第四丁香，第五甘松香。后来的隋炀帝五年，苏州进口扶芳二树，叶蔓生，叶圆而厚，冬天不枯萎凋零，夏天取叶用小火炙很香，煮水喝，汤色深绿色又香又美！喝了就解渴，筹禅师就把它做成了一款青饮。

焚香告天

赵清献公平生日所为事，夜必焚香告天，不敢告者则不敢为也。吾以为如是之人乃可学道。赵清献即北宋赵抃，清献是他去世后朝廷所赐谥号。

这句话的意思是说，赵抃是个虔诚的佛教徒，表里如一，凡白天所为，必先于头天晚上，整衣正冠，焚香告天，不敢告者则不为。

令公香

令公香，亦作“令君香”，即荀令香。荀彧在汉曾授尚书令，称荀令君。相传曾得异香，至人家坐，三日香气不歇，故称“令公香”。后多以指高雅人士的风采。李颀《寄綦毋三诗》：“风流三接令公香。”王维《春日直门下省早朝》诗：“遥闻侍中珮，暗识令君香。”

分香

魏王曹操《临终遗令》说："余香可分与诸夫人，诸舍中无所为，学作履组卖也。"就是说曹操在临终前跟各位夫人说："家里的香品分给你们，各自在自己的房中没有事做的时候，做做手工鞋垫来卖，自力更生，养活自己吧！"

沐浴香汤

赵飞燕是汉成帝的皇后，沐浴五蕴七香汤，赵合德是赵飞燕的妹妹，皇帝封为婕妤，她沐浴的是豆蔻汤。皇帝说皇后（赵飞燕）虽然有一种特殊的香气，却比不上婕妤（赵合德）身体自然散发出的香气。皇后采取了某种措施来产生香气，而婕妤则通过自然的途径散发出香气。这表明在汉成帝看来，赵合德的香气更真实、更吸引人，而赵飞燕的香气则是通过外在的手段产生的。

杂熏诸香

赵飞燕妹妹居住昭阳殿。殿中设有木画屏风，纹理如若蜘蛛丝缕。玉几玉床，白象牙席，绿熊皮席。席毛长达二尺有余，人睡其间而拥毛自蔽，望她不能得见，坐下则没膝。其中杂熏众香，一坐此席，余香百日不歇。有四个玉制镇器，皆都通达照透无瑕缺。

偷香

贾充有个幕僚叫韩寿，这个人长得帅气又能说，经常去贾充家里商谈一些事情。贾充的女儿贾午会偷偷看谈事情的韩寿，这样一来就爱慕起韩寿来。

正在情窦初开的贾午越来越喜欢韩寿，于是就让丫鬟替自己找韩寿。韩寿一看大小姐长得还很漂亮，也正中心意。贾午有天把贾充的香偷出来给韩寿，被贾充闻到韩寿身上熟悉的味道，后来发现是女儿把他的香偷给了韩寿。父亲发现女儿的心思就成全了他们。